ACCESO GRATIS *a la Lectura en la Nube*

Para visualizar el libro electrónico en la nube de lectura envíe junto a su nombre y apellidos una fotografía del código de barras situado en la contraportada del libro y otra del ticket de compra a la dirección:

ebooktirant@tirant.com

En un máximo de 72 horas laborables le enviaremos el código de acceso con sus instrucciones.

La visualización del libro en **NUBE DE LECTURA** excluye los usos bibliotecarios y públicos que puedan poner el archivo electrónico a disposición de una comunidad de lectores. Se permite tan solo un uso individual y privado.

GUÍA DE PREGUNTAS Y RESPUESTAS SOBRE VÍAS JURÍDICAS PARA EMPRENDER (Empresario individual, S.L. empresa emergente o startup...)

GUÍA DE PREGUNTAS Y RESPUESTAS SOBRE VÍAS JURÍDICAS PARA EMPRENDER

(Empresario individual, S.L. empresa emergente o startup...)

JAVIER PLAZA PENADÉS
FCO. JAVIER ORDUÑA MORENO
RAQUEL GUILLÉN CATALÁN
Cátedra UV fomento del emprendimiento

tirant lo blanch
Valencia, 2026

En caso de erratas y actualizaciones, la Editorial Tirant lo Blanch publicará la pertinente corrección en la página web www.tirant.com

Colección dirigida por:
Ana Belén Campuzano
Marcelo Pascual

EDITA: TIRANT LO BLANCH
C/ Artes Gráficas, 14 - 46010 - Valencia
TELFS.: 96/361 00 48 - 50
FAX: 96/369 41 51
Email: tlb@tirant.com
www.tirant.com
Librería virtual: www.tirant.es
DEPÓSITO LEGAL: V-626-2026
ISBN: 979-13-7040-036-1
MAQUETA: Innovatext

Índice

ANEXOS

PRÓLOGO

Hoy en día se habla en todas partes del emprendimiento, como si se tratara de una moda reciente o de un fenómeno nuevo. Sin embargo, sabemos bien que no es así. En esta tierra valenciana, heredera de una larga tradición de artesanos y gremios, conocemos desde hace siglos lo que significa emprender: crear, construir, hacer que las cosas sucedan sin esperar a que ocurran por sí solas.

Emprender es tener una idea y convertirla en realidad. Es esfuerzo, tesón, trabajo constante; son horas y horas dedicadas a alcanzar la excelencia y el resultado económico, sin perder de vista el valor del equipo ni, por supuesto, el compromiso social. Emprender también es caer y levantarse, superar obstáculos y aprender de cada paso.

Por todo ello, estoy convencido de que una guía como esta resulta fundamental tanto para quien inicia su actividad desde cero como para quien ya lleva un tiempo recorriendo el camino del emprendimiento. Muchos —por no decir todos— los que comenzamos hace años hubiéramos agradecido contar con un instrumento tan claro y útil como esta "Guía de preguntas y respuestas sobre vías jurídicas para emprender", que da respuesta a cuestiones que todo emprendedor se plantea en sus primeros pasos, como:

- ¿Debo emprender como autónomo o constituir una sociedad, y qué tipo de sociedad me conviene?
- ¿Cuáles son los trámites iniciales que debo realizar?
- ¿Qué obligaciones tengo ante el registro mercantil?
- ¿Qué incentivos fiscales existen?
- ¿Hay ayudas públicas disponibles para los primeros momentos de actividad?

- ¿Cómo puede emprender en España un ciudadano extranjero de fuera de la Unión Europea?
- ¿Qué requisitos se necesitan para ser teletrabajador internacional?
- ¿Cómo pueden emprender los estudiantes?

Y muchas otras preguntas que, con acierto, esta guía aborda de manera directa, rigurosa y comprensible.

Esta publicación de la **Cátedra de la Universidad de Valencia**, constituida al amparo de un convenio con la **Concejalía de Emprendimiento del Ayuntamiento de Valencia** —que tengo el honor de dirigir—, ha sido elaborada bajo la dirección del Catedrático **D. Javier Plaza Penadés** y su equipo. El resultado es un trabajo que combina **rigor técnico y seguridad jurídica**, pero expresado con **un lenguaje claro y accesible**, demostrando que la claridad no está reñida con la seriedad.

Esta guía nace de algo que considero esencial: la **colaboración entre la administración pública y la universidad.** Una alianza que une la experiencia práctica del Ayuntamiento con el conocimiento académico de una institución con siglos de historia como la Universidad de Valencia. Su propósito es único y noble: **ayudar, respaldar y acompañar al emprendedor**, auténtico generador de riqueza y empleo en nuestra sociedad.

Estoy convencido de que esta guía, con su formato ágil de preguntas y respuestas, será una herramienta de gran valor tanto para nuestros emprendedores como para los profesionales que los asesoran día a día dentro de nuestro dinámico ecosistema emprendedor.

Valencia, diciembre de 2025

José Gosálbez Payá
Segundo Teniente de Alcalde del Ayuntamiento de Valencia
Concejal de Emprendimiento

JUSTIFICACIÓN DE LA GUÍA

Una guía de preguntas y respuestas (FAQ) sobre las vías jurídicas para emprender en España (Empresario Individual/Autónomo, Empresario de responsabilidad limitada, Empresa Emergente/Startup o la forma tradicional de empresa de responsabilidad limitada como SL) es una herramienta de valor incalculable porque aborda directamente la incertidumbre legal y fiscal que es inherente al inicio de cualquier proyecto empresarial.

El objetivo principal es simplificar la complejidad de la legislación española y ofrecer un mapa de ruta práctico que permita al emprendedor tomar la decisión más informada desde el punto de vista legal, financiero y operativo.

El primer paso al emprender es elegir la forma jurídica, y esta decisión tiene consecuencias directas y a largo plazo. Una guía de preguntas y respuestas debe necesariamente abordar dicha elección.

La pregunta clave que todo emprendedor se hace es: "¿Qué pasa si mi negocio fracasa?" La guía debe responder con claridad sobre la diferencia entre la Sociedad Limitada (SL), donde la responsabilidad se limita al capital aportado, y el Empresario Individual (Autónomo), donde la responsabilidad es ilimitada y afecta al patrimonio personal.

Un error en la elección puede llevar a la pérdida de bienes personales (casa, ahorros), siendo este el punto más crítico para muchos.

La Ley de Fomento del Ecosistema de las Empresas Emergentes (Ley de Startups) introduce un régimen especial (fiscal, laboral) que es confuso para quien no es experto. La guía clarifica quién puede acogerse a este régimen y los beneficios asociados, mitigando la incertidumbre sobre la elegibilidad.

La estructura legal afecta directamente la carga fiscal y la necesidad de capitalización, pues en España existe un régimen fiscal diferente para cada vía de emprendimiento:

- El Autónomo tributa por el Impuesto sobre la Renta de las Personas Físicas (IRPF), aplicando tramos progresivos.
- La SL tributa por el Impuesto de Sociedades (IS), con un tipo fijo (o reducido para ciertas entidades).

Y lo mismo ocurre con el Capital Mínimo y Costes Administrativos: Una SL requiere un capital social mínimo (1 euro desde la última reforma, pero con implicaciones de reserva legal) y costes notariales/registrales más altos inicialmente, mientras que el Autónomo tiene un coste de constitución casi nulo.

Debemos tener en cuenta que el tiempo es el recurso más escaso y valioso de un emprendedor. En lugar de buscar en el BOE (Boletín Oficial del Estado), la guía ofrece un formato de fácil lectura que concentra la información esencial.

Eso sí, estamos ante una simple guía informativa, que pretender dar información y crear conciencia de lo importante que es elegir una vía jurídica correcta y adecuada a las necesidades para emprender, pero se deber consultar siempre a un abogado y se debe consultar, o tener en plantilla, un jurista experto en estas cuestiones societarias y empresariales, pues los autores de la guía no asumen ninguna responsabilidad por aquellas cuestiones inexactas o que puedan quedar desactualizadas por reformas legales o criterios jurisprudenciales.

La elección de la figura jurídica es un indicador de la ambición, alcance y aspiración del proyecto, que puede facilitar el acceso a la financiación o los Inversores. Una SL o una Startup son estructuras que ofrecen mayor credibilidad y seguridad jurídica a los inversores (Business Angels, Venture Capital). Los inversores raramente invierten en un Empresario Individual, ya que la SL o la Startup permiten una estructura de capital (participaciones/acciones) que facilita la entrada y salida de socios e inversores.

Y a medida que el negocio crece y necesita contratar personal o firmar contratos grandes, la estructura de una SL proporciona un marco más robusto y profesional que la del Autónomo (que insistimos, siempre debe de rodearse del criterio y los servicios de un jurista experto, puesto que depende mucho de la actividad profesional, industrial o comercial que se vaya a desarrollar).

En definitiva, esta guía FAQ bien estructurada sobre vías jurídicas en España es fundamental porque actúa como un filtro de información crítica. Transforma la jerga legal y fiscal en decisiones operativas claras y previene los errores más comunes y costosos al inicio. Su razón principal es dotar al emprendedor de la autonomía de conocimiento necesaria para sentar unas bases sólidas y sostenibles para su negocio en España, pero insistimos en su simple valor informativo, y en la necesidad de contrastar las informaciones con juristas expertos.

PREGUNTAS

1. ¿QUIÉN TIENE LA CONDICIÓN DE EMPRENDEDOR Y CUÁLES SON LAS VÍAS JURÍDICAS PARA EMPRENDER?

Se consideran emprendedores aquellas personas, independientemente de su condición de persona física o jurídica, que desarrollen una actividad económica empresarial o profesional en el territorio español de conformidad con la Ley 14/2013, de 27 de septiembre, de apoyo a los emprendedores y su internacionalización.

Por tanto, la vía más común, en un momento inicial es emprender solo, como autónomo o como un "emprendedor de responsabilidad limitada".

Pero también se puede emprender (para una actividad profesional) como sociedad profesional o sociedad civil, siendo la vía societaria más utilizada la "SL" Sociedad de responsabilidad limitada, porque no tiene la complejidad y las exigencias de capital social de una "SA" Sociedad Anónima.

Para más información sobre los procedimientos de creación de otras vías de emprender véase: https://plataformapyme.es/es-es/creacion/formas-juridicas/Paginas/default.aspx

2. ¿QUÉ ES UNA "ACTIVIDAD EMPRENDEDORA" Y COMO SE ACREDITA?

Se entenderá como actividad emprendedora aquella que sea innovadora y/o tenga especial interés económico para España y a tal efecto cuente con un informe favorable emitido por ENISA.

La solicitud se dirigirá a la Unidad de Grandes Empresas y Colectivos Estratégicos que de oficio solicitará informe sobre la actividad emprendedora y empresarial a ENISA. Este informe, de carácter preceptivo, será evacuado en el plazo de diez días hábiles.

En el caso de que el extranjero se encuentre fuera de España, una vez que tenga la autorización concedida, solicitará el visado de residencia correspondiente.

Para la valoración de la actividad emprendedora y empresarial, se tendrá en cuenta:

a) El perfil profesional del solicitante y su implicación en el proyecto. En caso de que existan varios socios, se evaluará la participación de cada uno de ellos, tanto de los que solicitan un visado o autorización como de los que no requieran el mismo.

b) El plan de negocio, que englobará una descripción del proyecto, del producto o servicio que desarrolla, y su financiación, incluyendo la inversión requerida y las posibles fuentes de financiación.

c) Los elementos que generen el valor añadido para la economía española, la innovación u oportunidades de inversión.

La valoración de la actividad emprendedora se basa en el perfil e implicación del solicitante, la solidez del plan de negocio y su financiación, y el potencial de generar valor añadido, innovación u oportunidades para la economía española.

3. ¿QUÉ ES UN "EMPRENDEDOR DE RESPONSABILIDAD LIMITADA" ERL?

Es todo emprendedor persona física, cualquiera que sea su actividad, que limita su responsabilidad por las deudas derivadas exclusivamente del ejercicio de dicha actividad empresarial o profesional mediante la asunción de la condición de «Emprendedor de Responsabilidad Limitada», una vez cumplidos los requisitos establecidos en Ley 14/2013, de 27 de septiembre, de apoyo a los emprendedores y su internacionalización.

Suponen una excepción a la responsabilidad patrimonial universal del artículo 1.911 del Código Civil (en adelante CC), y el artículo 6 del Código de Comercio (en adelante, CdeCo), y, en consecuencia, el Emprendedor de Responsabilidad Limitada consigue que su responsabilidad y las reclamaciones judiciales y extrajudiciales de sus acreedores, siempre que tengan su origen en las deudas empresariales o profesionales, no alcance a algunos bienes de su patrimonio personal, si la condición de "Emprendedor de responsabilidad limitada" se ha publicado en la forma establecida por la Ley.

En concreto, puede beneficiarse de la limitación de responsabilidad la vivienda habitual del "Emprendedor de responsabilidad limitada" siempre que su valor no supere los 300.000 euros (valorada conforme a lo dispuesto en la base imponible del Impuesto sobre Transmisiones Patrimoniales y Actos Jurídicos Documentados en el momento de la inscripción en el Registro Mercantil), así como los bienes de equipo productivo afectos a la explotación y los que los reemplacen, si están debidamente identificados en el Registro de Bienes Muebles y con el límite del volumen de facturación agregado de los dos últimos ejercicios.

En el caso de viviendas situadas en una población de más de 1.000.000 de habitantes se aplicará un coeficiente del 1,5 al valor del párrafo anterior (esto es, 450.000 euros).

En la inscripción del emprendedor en el Registro Mercantil correspondiente a su domicilio se indicará el bien inmueble, propio o común, y los bienes de equipo productivo, que se pretende no hayan de quedar obligados por las resultas de su actividad empresarial o profesional.

No podrá beneficiarse de dicha limitación de responsabilidad el emprendedor que hubiera actuado con fraude o negligencia grave en el cumplimiento de sus obligaciones con terceros, siempre que así constare acreditado por sentencia firme o en concurso declarado culpable.

El Emprendedor de Responsabilidad Limitada (ERL), regulado por la Ley 14/2013, permite que el emprendedor limite su responsabilidad empresarial a ciertos bienes —como la vivienda habitual (hasta 300 000 €, o 450 000 € en grandes ciudades) y equipamiento productivo— si se inscribe formalmente, exceptuando casos de fraude o negligencia grave.

4. ¿CÓMO SE ADQUIERE LA CONDICIÓN DE "EMPRENDEDOR DE RESPONSABILIDAD LIMITADA"?

La condición de Emprendedor de Responsabilidad Limitada se adquirirá mediante su constancia en la hoja abierta al mismo en el Registro Mercantil correspondiente a su domicilio. Además de las circunstancias ordinarias, la inscripción contendrá una indicación de los activos no afectos a la responsabilidad inherente a la actividad empresarial o profesional, y se practicará en la forma y con los requisitos previstos para la inscripción del empresario individual.

Será título para inmatricular (es decir, para inscribir por primera vez) al Emprendedor de Responsabilidad Limitada el acta notarial, que se presentará obligatoriamente por el Notario de manera telemática en el mismo día o siguiente hábil al de su autorización en el Registro Mercantil o bien con la instancia suscrita con la firma electrónica reconocida del empresario y remitida telemáticamente a dicho Registro.

El emprendedor inscrito deberá hacer constar en toda su documentación, con expresión de los datos registrales, su condición de «Emprendedor de Responsabilidad Limitada» o mediante la adición a su nombre, apellidos y datos de identificación fiscal de las siglas «ERL».

Salvo que los acreedores prestaren su consentimiento expresamente, subsistirá la responsabilidad universal del deudor por las deudas del artículo 1911 CC y del artículo 6 del CdeCo contraídas con anterioridad a su inmatriculación en el Registro Mercantil como emprendedor individual de responsabilidad limitada.

El Colegio de Registradores, bajo la supervisión del Ministerio de Justicia mantendrá un portal público de libre acceso en que se divulgarán sin coste para el usuario los datos relativos a los emprendedores de responsabilidad limitada inmatriculados.

5. ¿POR QUÉ DEBE INSCRIBIRSE EN EL REGISTRO DE LA PROPIEDAD Y EN EL REGISTRO DE BIENES MUEBLES LOS BIENES QUE QUEDAN EXENTOS DE RESPONSABILIDAD?

Porque con dicha inscripción se consigue la publicidad y la oponibilidad a terceros de la no sujeción de la vivienda habitual o los bienes de equipo a las resultas del tráfico empresarial o profesional.

Inmatriculado el Emprendedor de Responsabilidad Limitada, el Registrador Mercantil expedirá certificación y la remitirá telemáticamente al Registrador de la Propiedad y al Registrador de Bienes Muebles de forma inmediata, siempre dentro del mismo día hábil, para su constancia en el asiento de inscripción de la vivienda habitual o del bien de equipo de aquel emprendedor.

Practicada dicha inscripción, el Registrador denegará la anotación preventiva del embargo trabado sobre bien no sujeto a menos que del mandamiento resultare que se aseguran deudas no empresariales o profesionales o se tratare de deudas empresariales o profesionales contraídas con anterioridad a la inscripción de limitación de responsabilidad, o de obligaciones tributarias o con la Seguridad Social.

En el caso de venta o transmisión a un tercero de los bienes no sujetos a responsabilidad empresarial, dicha exención se extinguirá respecto de ellos, pudiéndose trasladar la no afección a los bienes subrogados por nueva declaración de alta del interesado.

La inscripción en el Registro de la Propiedad y de Bienes Muebles garantiza la publicidad y oponibilidad frente a terceros de la exención de responsabilidad sobre vivienda habitual y bienes de equipo, evitando embargos indebidos y permitiendo su actualización en caso de transmisión.

6. ¿EL EMPRENDEDOR DE RESPONSABILIDAD LIMITADA DEBE PRESENTAR Y AUDITAR LAS CUENTAS ANUALES?

El emprendedor de responsabilidad limitada deberá formular y, en su caso, someter a auditoría las cuentas anuales correspondientes a su actividad empresarial o profesional, de conformidad con lo previsto para las sociedades unipersonales de responsabilidad limitada.

El emprendedor de responsabilidad limitada deberá depositar sus cuentas anuales en el Registro Mercantil.

Transcurridos siete meses desde el cierre del ejercicio social sin que se hayan depositado las cuentas anuales en el Registro Mercantil, el emprendedor perderá el beneficio de la limitación de responsabilidad en relación con las deudas contraídas con posterioridad al fin de ese plazo, pero recuperará el beneficio en el momento de la presentación.

No obstante lo anterior, aquellos empresarios y profesionales que opten por la figura del Emprendedor de Responsabilidad Limitada y que tributen por el régimen de estimación objetiva, podrán dar cumplimiento a las obligaciones contables y de depósito de cuentas mediante el cumplimiento de los deberes formales establecidos en su régimen fiscal y mediante el depósito de un modelo estandarizado de doble propósito, fiscal y mercantil, de conformidad con la normativa vigente.

El emprendedor de responsabilidad limitada debe formular, auditar y depositar sus cuentas anuales en el Registro Mercantil para mantener la limitación de responsabilidad, perdiéndola si no lo hace en siete meses, salvo que cumpla mediante el modelo fiscal-mercantil estandarizado.

7. ¿QUÉ SUCEDE CUANDO LA SL SE CREA CON UN CAPITAL INFERIOR A 3.000 EUROS?

Como el capital de la sociedad de responsabilidad limitada no podrá ser inferior a tres mil euros y se expresará precisamente en esa moneda (del mismo modo que el capital social de la sociedad anónima no podrá ser inferior a sesenta mil euros) mientras la SL no se alcance la cifra de capital social mínimo de tres mil euros, estará sujeta al régimen de formación sucesiva, y por ello, deberá destinarse a la reserva legal una cifra al menos igual al 20 por ciento del beneficio del ejercicio sin límite de cuantía, y una vez cubiertas las atenciones legales o estatutarias, sólo podrán repartirse dividendos a los socios si el valor del patrimonio neto no es o, a consecuencia del reparto, no resultare inferior al 60 por ciento del capital legal mínimo.

La suma anual de las retribuciones satisfechas a los socios y administradores por el desempeño de tales cargos durante esos ejercicios no podrá exceder del 20 por ciento del patrimonio neto del correspondiente ejercicio, sin perjuicio de la retribución que les pueda corresponder como trabajador por cuenta ajena de la sociedad o a través de la prestación de servicios profesionales que la propia sociedad concierte con dichos socios y administradores.

En caso de liquidación, voluntaria o forzosa, si el patrimonio de la sociedad fuera insuficiente para atender al pago de sus obligaciones, los socios y los administradores de la sociedad responderán solidariamente del desembolso de la cifra de capital mínimo establecido en la Ley.

Una SL con capital no inferior a 3.000 €, sujeta a reglas especiales: destinar el 20 % del beneficio del ejercicio a reserva legal, limitar dividendos y retribuciones, y asumir responsabilidad solidaria por el capital mínimo en caso de liquidación.

8. ¿QUÉ SON LOS PUNTOS DE ATENCIÓN AL EMPRENDEDOR?

Los Puntos de Atención al Emprendedor (PAE) son oficinas pertenecientes a organismos públicos y privados, incluidas las notarías y los registros mercantiles, así como puntos virtuales de información y tramitación telemática de solicitudes, que se encargarán de facilitar la creación de nuevas empresas, el inicio efectivo de su actividad y su desarrollo, a través de la prestación de servicios de información, tramitación de documentación, asesoramiento, formación y apoyo a la financiación empresarial.

Los Puntos de Atención al Emprendedor utilizarán el sistema de tramitación telemática del Centro de Información y Red de Creación de Empresas (CIRCE), cuya sede electrónica se ubicará en el Ministerio de Industria y Turismo.

En ellos se deberá iniciar la tramitación del Documento Único Electrónico (DUE).

Todos los trámites necesarios para la constitución de sociedades, el inicio efectivo de una actividad económica y su ejercicio por emprendedores, podrán realizarse a través del Punto de Atención al Emprendedor electrónico del Ministerio de Industria y Turismo.

El Punto de Atención al Emprendedor electrónico del Ministerio de Industria y Turismo será accesible por ordenador, teléfono móvil y tableta e incluirá, en todo caso:

a) Toda la información y formularios necesarios para el acceso a la actividad y su ejercicio.

b) La posibilidad de presentar toda la documentación y solicitudes necesarias.

c) La posibilidad de conocer el estado de tramitación de los procedimientos en que tengan la condición de interesado y, en su caso, recibir la correspondiente notificación de los actos de trámite preceptivos y la resolución de los mismos por el órgano administrativo competente.

d) Toda la información sobre las ayudas, subvenciones y otros tipos de apoyo financiero disponibles para la actividad económica de que se trate en el Estado, Comunidades Autónomas y Entidades Locales.

e) El resto de funcionalidades que se le atribuya por esta ley y por el resto del ordenamiento jurídico.

Los Puntos de Atención al Emprendedor (PAE) son oficinas físicas y virtuales que facilitan la creación y desarrollo de empresas mediante información, tramitación telemática con el sistema CIRCE, gestión del Documento Único Electrónico y acceso a ayudas y notificaciones.

9. ¿CÓMO SE HACE LA INSCRIPCIÓN REGISTRAL DE LOS EMPRENDEDORES DE RESPONSABILIDAD LIMITADA?

Los trámites necesarios para la inscripción registral del emprendedor de responsabilidad limitada se podrán realizar mediante el sistema de tramitación telemática del Centro de Información y Red de Creación de Empresa (CIRCE) y el Documento Único Electrónico (DUE) regulado en la disposición adicional tercera del texto refundido de la Ley de Sociedades de Capital, aprobado por Real Decreto Legislativo 1/2010, de 2 de julio, y su normativa de desarrollo.

En caso de que el emprendedor opte por la inscripción utilizando el sistema mencionado en el apartado anterior, el procedimiento se ajustará a las siguientes reglas:

a) En el Punto de Atención al Emprendedor se cumplimentará toda la información del DUE y se aportará la documentación necesaria para efectuar la inscripción en el Registro Mercantil, así como en el Registro de la Propiedad.

b) El Punto de Atención al Emprendedor enviará inmediatamente el DUE junto con la documentación correspondiente al Registro Mercantil, solicitando la inscripción del empresario de responsabilidad limitada. El Registro Mercantil contará con 6 horas hábiles para practicar la inscripción y remitir telemáticamente al sistema de tramitación del CIRCE la certificación de la inscripción practicada, que será remitida por éste a la autoridad tributaria competente.

c) Recibida la certificación de la inscripción, el registrador mercantil solicitará, respecto de los bienes inembargables por deudas profesionales y empresariales, la inscripción de esta circunstancia en el Registro de la Propiedad, aportando la certificación expedida por el Registrador Mercantil.

d) El registrador de la propiedad practicará la inscripción en el plazo de 6 horas hábiles desde la recepción de la solicitud, e informará inmediatamente de la inscripción practicada al sistema de tramitación telemática del CIRCE, que lo trasladará a la autoridad tributaria competente.

e) En todo el momento, el emprendedor podrá conocer, a través del Punto de Atención al Emprendedor en que haya iniciado la tramitación, el estado de la misma.

10. ¿CÓMO SE CONSTITUYEN LAS SOCIEDADES DE RESPONSABILIDAD LIMITADA SL MEDIANTE ESCRITURA PÚBLICA CON FORMATO ESTANDARIZADO Y ESTATUTOS TIPO?

Los fundadores de una **sociedad de responsabilidad limitada** podrán optar por la constitución de la sociedad **mediante escritura pública con formato estandarizado y estatutos tipo**, siendo necesario:

- El Documento Único Electrónico (DUE).

- El sistema de tramitación telemática del Centro de Información y Red de Creación de Empresas (CIRCE).
- Los modelos simplificados de los estatutos-tipo en el formato estandarizado, cuyo contenido, que deberá estar disponible en todas las lenguas oficiales en todas las Comunidades Autónomas, se desarrollará reglamentariamente.
- Asimismo, se podrán utilizar modelos simplificados de apoderamientos en el formato estandarizado, cuyo contenido con facultades estandarizadas y codificadas se desarrollará reglamentariamente también en todas las lenguas oficiales de todas las Comunidades Autónomas.

En los Puntos de Atención al Emprendedor y de manera simultánea:

- Se cumplimentará el Documento Único Electrónico y se iniciará la tramitación telemática, enviándose a cada organismo interviniente por vía electrónica, la parte del DUE que le corresponda para realizar el trámite de su competencia.
- Los documentos redactados en lengua extranjera se acompañarán de una traducción al castellano o a otra lengua oficial en la provincia del domicilio social por traductor jurado. Esta disposición se entiende sin perjuicio del régimen lingüístico aplicable en las Comunidades Autónomas en las que otras lenguas españolas distintas del castellano son también oficiales. Los documentos públicos extranjeros deberán ir provistos de la correspondiente apostilla o legalización diplomática, salvo en los casos exceptuados por disposición de la ley o de los convenios internacionales vigentes en España. En todo caso, la intervención de Cónsul que otorgue dichos documentos, en funciones notariales, así como la legalización por autoridades españolas de documentos notariales otorgados en el extranjero, quedarán sujetas a las obligaciones tributarias establecidas en el ordenamiento tributario español.
- Se solicitará la reserva de la denominación al Registro Mercantil Central, incluyendo hasta cinco denominaciones sociales alternativas, de entre las cuales el Registro Mercantil Central emitirá el correspondiente certificado negativo de denominación siguiendo el orden propuesto por el solicitante, dentro de las 6 horas hábiles siguientes a la solicitud.

- La denominación podrá ser de la bolsa de denominaciones con reserva prevista en la disposición final primera del Real Decreto Legislativo 1/2010, de 2 de julio, por el que se aprueba el texto refundido de la Ley de Sociedades de Capital.
- Se concertará inmediatamente la fecha de otorgamiento de la escritura de constitución mediante una comunicación en tiempo real con la agenda electrónica notarial obteniéndose los datos de la notaría y la fecha y hora del otorgamiento. La fecha y hora del otorgamiento en ningún caso será superior a doce horas hábiles desde que se inicia la tramitación telemática conforme a la letra a).

El Notario:

- Autorizará la escritura de constitución en formato electrónico aportándosele el documento justificativo de desembolso del capital social, aunque no será necesario acreditar la realidad de las aportaciones dinerarias si los fundadores manifiestan en la escritura que responderán solidariamente frente a la sociedad y frente a los acreedores sociales de la realidad de las mismas.
- Se utilizará la escritura de constitución con un formato estandarizado y con campos codificados.
- Enviará de forma inmediata, a través del sistema de tramitación telemática del CIRCE, copia de la escritura a la Administración Tributaria solicitando la asignación provisional de un Número de Identificación Fiscal.
- Remitirá copia autorizada de la escritura de constitución al Registro Mercantil del domicilio social a través del sistema de tramitación telemática del CIRCE.
- Entregará a los otorgantes, si lo solicitan, una copia simple electrónica de la escritura, sin coste adicional. Esta copia estará disponible en la sede electrónica del Punto de Atención al Emprendedor del Ministerio de Industria, Comercio y Turismo.

El Registrador Mercantil, una vez recibida del CIRCE copia electrónica de la escritura de constitución junto con el NIF/CIF provisional asignado y la acreditación de la exención del Impuesto de Transmisiones Patrimoniales y Actos Jurídicos Documentados, en su modalidad de Operaciones Societarias, realizado:

- Procederá a la calificación e inscripción dentro del plazo de las 6 horas hábiles siguientes a la recepción telemática de la escritura, entendiéndose por horas hábiles a estos efectos las que queden comprendidas dentro del horario de apertura fijado para los registros.
- Remitirá al Centro de Información y Red de Creación de Empresas, el mismo día de la inscripción, certificación de la inscripción practicada.
- Solicitará el número de identificación fiscal definitivo a la Administración Tributaria a través del CIRCE.
- El sistema de tramitación telemática del CIRCE dará traslado inmediato a los fundadores que así lo soliciten y al notario autorizante de la escritura de constitución y de la certificación electrónica, sin coste adicional.
- Dicha certificación será necesaria para acreditar la correcta inscripción en el Registro de las sociedades, así como la inscripción del nombramiento de los administradores designados en la escritura.
- Asimismo, el interesado podrá solicitar en cualquier momento, una vez inscrita la sociedad, certificación actualizada del contenido de la hoja registral de aquella que será expedida por el Registrador bajo su firma electrónica y provista de un código de validación de conformidad con lo previsto para las certificaciones con información continuada.

La autoridad tributaria competente notificará telemáticamente al sistema de tramitación telemática del CIRCE el carácter definitivo del Número de Identificación Fiscal. Este último lo trasladará de inmediato a los fundadores.

Cuando el registrador apreciare defectos u obstáculos que impidieren la inscripción, extenderá nota de calificación negativa y la notificará al CIRCE, que la trasladará de inmediato a los fundadores y al notario.

Los fundadores podrán atribuir al notario autorizante la facultad de subsanar electrónicamente los defectos advertidos por el registrador en su calificación, siempre que aquel se ajuste a la calificación y a la voluntad manifestada por las partes.

Desde el Punto de Atención al Emprendedor se procederá a realizar los trámites relativos al inicio de actividad mediante el envío de la información contenida en el DUE a la autoridad tributaria, a la Tesorería General de la Seguridad Social, y en su caso, a las administraciones locales y autonómicas para llevar a cabo las comunicaciones, registros y solicitudes de autorizaciones y licencias necesarias para la puesta en marcha de la empresa.

La publicación de la inscripción de la sociedad en el "Boletín Oficial del Registro Mercantil" estará exenta del pago de tasas.

La constitución de una sociedad limitada puede realizarse mediante escritura pública estandarizada y estatutos tipo, usando el Documento Único Electrónico y el sistema CIRCE para tramitar telemáticamente, en plazos muy reducidos, todos los pasos: reserva de denominación, otorgamiento ante notario, inscripción en el Registro Mercantil y obtención del NIF.

11. ¿CÓMO SE CONSTITUYEN LAS SOCIEDADES DE RESPONSABILIDAD LIMITADA SL MEDIANTE ESCRITURA PÚBLICA CON FORMATO ESTANDARIZADO SIN ESTATUTOS TIPO?

Cuando los fundadores opten por la constitución de una sociedad de responsabilidad limitada sin estatutos tipo, se aplicará lo mismo de las SL con estatutos tipo con las siguientes particularidades:

- Los fundadores podrán optar por solicitar, a través de los **Puntos de Atención al Emprendedor**, la reserva de denominación y concertar la fecha de otorgamiento de la escritura de constitución.
- El **Notario,** una vez disponga de los antecedentes necesarios para la elaboración de la escritura, procederá a ello.
- **El Registrador Mercantil,** una vez recibida copia electrónica de la escritura de constitución, inscribirá la sociedad inicialmente en el Registro Mercantil en el plazo de 6 horas hábiles, indicando exclusivamente los datos relativos a denominación, domicilio y objeto social, además del capital social y el órgano de administración seleccionado.

Desde esta inmatriculación, la sociedad se regirá por lo dispuesto en la Ley de Sociedades de Capital.

La escritura de constitución se inscribirá de forma definitiva en los términos de su otorgamiento dentro del plazo de 5 días contados desde el siguiente al de la fecha del asiento de presentación o, en su caso, al de la fecha de devolución del documento retirado, entendiendo que esta segunda inscripción vale como modificación de estatutos. A estos efectos deberá habilitarse en cada Registro Mercantil un servicio remoto de atención al público en horas de oficina para que, a solicitud de los interesados o sus representantes, previa su identificación, puedan evacuarse consultas incluso mediante videoconferencia, sobre la inscribilidad de cláusulas o pactos estatutarios lícitos.

Si la inscripción definitiva se practica vigente el asiento de presentación, los efectos se retrotraerán a esta fecha. Cuando no sea posible completar el procedimiento dentro de los plazos señalados, el registrador mercantil notificará al solicitante los motivos del retraso.

Practicada la inscripción definitiva, el registrador mercantil notificará telemáticamente a la autoridad tributaria competente la inscripción de la sociedad, solicitando Número de Identificación Fiscal definitivo.

Para acreditar la correcta inscripción en el registro de las sociedades, así como la inscripción del nombramiento de los administradores designados en la escritura, bastará la certificación electrónica que, a solicitud del interesado, expida sin coste adicional el registrador mercantil el mismo día de la inscripción. Ese mismo día se remitirá al notario autorizante de la escritura de constitución, de la notificación de que se ha procedido a la inscripción con los correspondientes datos registrales, que se unirán al protocolo notarial.

Los fundadores podrán atribuir al notario autorizante la facultad de subsanar electrónicamente los defectos advertidos por el registrador en su calificación, siempre que aquel se ajuste a la calificación y a la voluntad manifestada por las partes.

Cualquier incidencia entre administraciones públicas que se pudiera producir durante la tramitación no atribuible al emprendedor, no le ocasionará obligaciones o gastos adicionales, siendo responsabilidad de las administraciones públicas correspondientes dar solución a la misma.

La constitución de una SL sin estatutos tipo sigue el procedimiento telemático estándar, con inscripción inicial en 6 horas y definitiva en 5 días, garantizando retroactividad y subsanación electrónica de defectos

12. ¿QUÉ TRÁMITES ESTÁN ASOCIADOS AL INICIO Y EJERCICIO DE LA ACTIVIDAD DE EMPRESARIOS INDIVIDUALES Y SOCIEDADES?

Los trámites necesarios para el alta e inicio de la actividad de los empresarios individuales y de las sociedades mercantiles se podrán realizar mediante el Documento Único Electrónico.

El procedimiento se ajustará a las siguientes reglas:

- Desde el Punto de Atención al Emprendedor se recogerán en el Documento Único Electrónico (DUE) todos los datos necesarios para tramitar el alta en el Régimen de la Seguridad Social que corresponda, la declaración censal de inicio de actividad y, en su caso, la comunicación de apertura del centro de trabajo, que se remitirán por el sistema de tramitación telemática del CIRCE a las autoridades competentes.
- Simultáneamente al envío de las solicitudes de alta, el sistema de tramitación telemática del CIRCE remitirá a la Comunidad Autónoma la comunicación de inicio de actividad, la declaración responsable o la solicitud de autorización o licencia, en caso de ser exigido alguno de estos trámites por la Comunidad Autónoma donde el empresario vaya a establecerse.
- Simultáneamente al envío de la comunicación de inicio de la actividad o la declaración responsable a la Comunidad Autónoma, o concedida la autorización o licencia por la Comunidad Autónoma, el sistema de tramitación telemática del CIRCE remitirá por vía telemática, al Ayuntamiento donde el empresario vaya a establecerse, la comunicación de inicio de actividad, la declaración responsable de la empresa

o la solicitud de licencia, según los casos, de conformidad con la Ley 7/1985, de 2 de abril, Reguladora de las Bases del Régimen Local y demás legislación aplicable.

- Enviada la comunicación de inicio de actividad o la declaración responsable al Ayuntamiento, o concedida la autorización o licencia municipal, el Punto de Atención al Emprendedor comunicará de inmediato al empresario la finalización de los trámites necesarios para el inicio de la actividad.
- Con la solicitud de iniciación de los trámites, el empresario abonará el importe resultante de la suma de la totalidad de las tasas que en su caso se exijan por las autoridades competentes. El ingreso podrá realizarse mediante transferencia bancaria o tarjeta de crédito o de débito.

Durante el ejercicio de la actividad, el emprendedor podrá realizar, a través de los Puntos de Atención al Emprendedor, cualquier otro trámite preceptivo asociado al desarrollo de la actividad ante las autoridades estatales, autonómicas y locales, incluidas la solicitud de autorizaciones y la presentación de comunicaciones y declaraciones responsables para la apertura de nuevos establecimientos o instalaciones.

Se excluyen de lo dispuesto en el párrafo anterior las obligaciones fiscales y de la Seguridad Social, así como los trámites asociados a los procedimientos de contratación pública y de solicitud de subvenciones y ayudas.

13. ¿CÓMO SE LEGALIZAN LOS LIBROS QUE OBLIGATORIAMENTE DEBEN LLEVAR LOS EMPRESARIOS?

Todos los libros que obligatoriamente deban llevar los empresarios con arreglo a las disposiciones legales aplicables, incluidos los libros de actas de juntas y demás órganos colegiados, o los libros registros de socios y de acciones nominativas, se legalizarán telemáticamente en el Registro Mercantil después de su cumplimentación en soporte electrónico y antes de que transcurran cuatro meses siguientes a la fecha del cierre del ejercicio.

Los empresarios podrán voluntariamente legalizar libros de detalle de actas o grupos de actas formados con una periodicidad inferior a la anual cuando interese acreditar de manera fehaciente el hecho y la fecha de su intervención por el Registrador.

El Registrador comprobará el cumplimiento de los requisitos formales, así como la regular formación sucesiva de los que se lleven dentro de cada clase y certificará electrónicamente su intervención en la que se expresará el correspondiente código de validación.

Los libros obligatorios de los empresarios deben cumplimentarse en formato electrónico y legalizarse telemáticamente en el Registro Mercantil dentro de los cuatro meses posteriores al cierre del ejercicio, donde el registrador certificará su validez con código de verificación.

14. ¿CÓMO Y POR QUÉ SE TIENE QUE IDENTIFICAR LA ACTIVIDAD DE LOS EMPRENDEDORES?

En sus relaciones con las Administraciones Públicas en el ejercicio de sus respectivas competencias, los emprendedores deberán identificar su principal actividad por referencia al código de actividad económica que mejor la describa y con el desglose que sea suficiente de la Clasificación Nacional de Actividades Económicas. La sectorización de actividad será única para toda la Administración.

A tal efecto, en los documentos inscribibles y en la primera inscripción de constitución de las correspondientes entidades en los registros públicos competentes, se expresarán los códigos correspondientes a las actividades que corresponden al respectivo objeto social de cada entidad inscribible. En las cuentas anuales que hayan de depositarse se identificará cuál es la única actividad principal desarrollada durante el ejercicio por referencia al correspondiente código.

Los registros públicos en donde se depositen las cuentas anuales deberán poner a disposición de todas las Administraciones Públicas los códigos de actividad vigentes. Las dudas que se susciten sobre su corrección serán resueltas mediante resolución del Instituto Nacional de Estadística a quien el Registrador someterá la decisión última.

15. ¿CÓMO SE PUEDE REALIZAR EL CESE Y EXTINCIÓN A TRAVÉS DE PUNTOS DE ATENCIÓN AL EMPRENDEDOR?

Las personas físicas y jurídicas podrán realizar a través de los Puntos de Atención al Emprendedor todos los trámites administrativos necesarios para el cese de la actividad de empresarios individuales y para la extinción y cese de la actividad de sociedades mercantiles.

En particular, podrá encargarse la realización de los siguientes trámites:

- La solicitud de la inscripción al Registro Mercantil de la disolución, liquidación y extinción de la sociedad, del nombramiento de los liquidadores, del cierre de sucursales y, en general, cancelación del resto de asientos registrales.
- La comunicación de la extinción de la empresa o el cese definitivo de su actividad y baja de los trabajadores a su servicio a la Dirección Provincial de la Tesorería General de la Seguridad Social.
- La declaración de baja en el Censo de Empresarios, Profesionales y Retenedores y declaración de baja en el Impuesto de Actividades Económicas.
- La comunicación de la baja en los Registros sectoriales estatales, autonómicos y municipales en los que se hubiese inscrito la empresa o sus instalaciones.
- La comunicación de cese de actividad a las autoridades estatales, autonómicas y municipales cuando ésta sea preceptiva.
- En caso de empresarios de responsabilidad limitada, la solicitud de cancelación de las inscripciones que resulten necesarias en el Registro Mercantil, en el Registro de la Propiedad, de Bienes Muebles y en cualesquiera otros Registros en los que estuvieren inmatriculados los bienes inembargables por deudas empresariales o profesionales.

16. ¿SE PUEDE CONFERIR UN APODERAMIENTO EN DOCUMENTO ELECTRÓNICO?

Los apoderamientos y sus revocaciones, otorgados por administradores o apoderados de sociedades mercantiles o por emprendedores de responsabilidad limitada podrán también ser conferidos en documento electrónico, siempre que el documento de apoderamiento sea suscrito con la firma electrónica reconocida del poderdante. Dicho documento podrá ser remitido directamente por medios electrónicos al Registro que corresponda.

17. ¿CUÁNDO SE FACILITA LA ENTRADA Y PERMANENCIA DE EXTRANJEROS EN ESPAÑA POR RAZONES DE INTERÉS ECONÓMICO?

Los extranjeros que se propongan entrar o residir, o que ya residan, en España verán facilitada su entrada y permanencia en territorio español por razones de interés económico en aquellos supuestos en los que acrediten ser:

- Inversores.
- Emprendedores.
- Profesionales altamente cualificados.
- Investigadores.
- Trabajadores que efectúen movimientos intraempresariales.
- Teletrabajadores de carácter internacional.

Por extranjero no debe incluirse a los ciudadanos de la Unión Europea y a aquellos extranjeros que disfruten de derechos de libre circulación equivalentes a los de los ciudadanos de la Unión con base en acuerdos entre la Unión Europea y los Estados miembros, por una parte, y terceros países, por otra, pues, en virtud del Derecho de la Unión Europea, gozan del derecho de libertad de circulación y establecimiento.

18. ¿CUÁLES SON LOS REQUISITOS GENERALES PARA LA ESTANCIA DE UN EXTRANJERO EN ESPAÑA POR RAZONES DE INTERÉS ECONÓMICO?

Sin perjuicio de la acreditación de los requisitos específicos previstos para cada visado o autorización, en los supuestos de visados de estancia, deberán acreditar, además los requisitos previstos en el Reglamento (CE) 810/2009, de 13 de julio, por el que se establece un Código comunitario sobre visados (Código de visados).

En los supuestos de visados de residencia previstos en el Reglamento (UE) 265/2010, por el que se modifica el Convenio de aplicación del Acuerdo de Schengen y el Reglamento (CE) 562/2006, de 15 de marzo, por lo que se refiere a la circulación de personas con visados de larga duración, así como para las autorizaciones de residencia, el solicitante deberá acreditar el cumplimiento de los siguientes requisitos:

a) No encontrarse irregularmente en territorio español.

b) Ser mayor de 18 años.

c) Carecer de antecedentes penales en España y en los países donde haya residido durante los dos últimos años, por delitos previstos en el ordenamiento jurídico español. Adicionalmente, se presentará una declaración responsable de la inexistencia de antecedentes penales de los últimos cinco años.

d) No figurar como rechazable en el espacio territorial de países con los que España tenga firmado un convenio en tal sentido.

e) Contar con un seguro público o un seguro privado de enfermedad concertado con una Entidad aseguradora autorizada para operar en España.

f) Contar con recursos económicos suficientes para sí y para los miembros de su familia durante su periodo de residencia en España.

g) Abonar la tasa por tramitación de la autorización o visado.

El cónyuge o persona con análoga relación de afectividad, los hijos menores de edad o mayores que, dependiendo económicamente del titular, no hayan constituido por sí mismos una unidad familiar y los ascendientes a cargo, que se reúnan o acompañen a los extranjeros que residan en España por razón de interés económico podrán solicitar, conjunta y simultánea o sucesivamente, la autorización y, en su caso, el visado. Para ello deberá quedar acreditado el cumplimiento de los requisitos previstos en el apartado anterior. En el caso de que las solicitudes de los familiares se presenten simultáneamente con la del titular, la autorización y, en su caso, el visado, se resolverán también de forma simultánea.

Evidentemente, se revocarán, denegarán o no renovarán las autorizaciones de residencia y los visados cuando la persona extranjera interesada pueda representar una amenaza para el orden público, la seguridad pública, la salud pública o la seguridad nacional, de así valorarlo el órgano competente para resolver, con base en un informe policial, del Centro Nacional de Inteligencia o del Departamento de Seguridad Nacional que así lo acrediten.

Además de los requisitos específicos de cada visado, los solicitantes deben cumplir condiciones generales como estancia legal, mayoría de edad, ausencia de antecedentes penales, seguro médico, recursos económicos, pago de las tasas correspondientes, pudiendo revocarse la autorización por riesgos para el orden, seguridad o salud pública.

19. ¿CUÁLES SON LOS REQUISITOS GENERALES PARA LA RESIDENCIA DE UN EXTRANJERO EN ESPAÑA POR RAZONES DE INTERÉS ECONÓMICO?

Aquellos extranjeros que soliciten entrar en España o que siendo titulares de una autorización de estancia o residencia o visado pretendan iniciar, desarrollar o dirigir una actividad económica como emprendedor, podrán ser provistos de una autorización de residencia para actividad empresarial, que tendrá validez en todo el territorio nacional y una vigencia de tres años. Una vez cumplido dicho plazo, podrán solicitar la renovación de la autorización de residencia por dos años, pudiendo obtener la residencia permanente a los cinco años.

La solicitud de autorización de residencia de emprendedor se realizará por el propio interesado o a través de un representante legal y de forma electrónica ante la Unidad de Grandes Empresas y Colectivos Estratégicos.

En el supuesto de que el extranjero se encuentre fuera de España, la solicitud de autorización y visado se realizará simultáneamente a través de una única instancia que iniciará la tramitación de autorización y visado de forma consecutiva.

Los solicitantes deberán cumplir los requisitos legales necesarios para el inicio de la actividad, que serán los establecidos en la normativa sectorial correspondiente.

Los extranjeros que quieran emprender en España pueden obtener una autorización de residencia para actividad empresarial válida por tres años, renovable por dos y con opción a residencia permanente a los cinco, solicitándola electrónicamente ante la Unidad de Grandes Empresas y cumpliendo los requisitos legales para iniciar la actividad.

20. ¿QUÉ REQUISITOS DEBEN CUMPLIRSE PARA LA AUTORIZACIÓN DE RESIDENCIA DE "PROFESIONALES ALTAMENTE CUALIFICADOS"?

Se podrá solicitar una autorización de residencia para profesionales altamente cualificados, que tendrá validez en todo el territorio nacional, cuando una empresa requiera la incorporación en territorio español de un profesional extranjero para el desarrollo de una relación laboral o profesional de alta cualificación.

La solicitud a que se refiere el párrafo anterior podrá ser presentada por la empresa o por el profesional extranjero cuya incorporación se requiera, en cuyo caso la Unidad de Grandes Empresas y Colectivos Estratégicos comunicará a la empresa la recepción de la solicitud.

La autorización de residencia para profesionales altamente cualificados tendrá dos modalidades:

a) **Autorización de residencia para profesionales altamente cualificados titulares de una Tarjeta azul-UE.** Procederá esta autorización en el supuesto de trabajadores extranjeros que vayan a desempeñar una actividad laboral para la que se requiera contar con una cualificación derivada de una formación de enseñanza superior de duración mínima de tres años y equivalente al menos al Nivel 2 del Marco Español de Cualificaciones para la Educación Superior, correspondiente con el nivel 6 del Marco Español de Cualificaciones para el Aprendizaje Permanente y mismo nivel del Marco Europeo de Cualificaciones (EQF), o acrediten un mínimo de cinco años de conocimientos, capacidades y competencias avalados por una experiencia profesional que pueda considerarse equiparable a dicha cualificación y que sea pertinente para la profesión o sector especificado en el contrato de trabajo o en la oferta firme de empleo.

En el caso de profesionales y directores de tecnología de la información y las comunicaciones, la duración mínima de la experiencia profesional equiparable y pertinente para el sector o profesión exigida será de tres años comprendidos en los siete años anteriores a la solicitud de la Tarjeta azul-UE.

b) **Autorización de residencia nacional para profesionales altamente cualificados.** Procederá esta autorización en el supuesto de trabajadores extranjeros que vayan a desempeñar una actividad laboral o profesional para la que se requiera contar con una titulación equiparable al nivel de Técnico Superior de Formación Profesional, o conocimientos, capacidades y competencias avaladas por una experiencia profesional de al menos tres años que pueda considerarse equiparable a dicha cualificación.

La validez de la autorización de residencia será de tres años, o igual a la duración del contrato más un periodo adicional de tres meses en el caso de que la duración del contrato sea inferior a tres años, no pudiendo superar la validez de la autorización más de tres años. Durante los sesenta días anteriores al fin de la vigencia de la autorización de residencia se podrá solicitar su renovación por dos años si se mantienen los requisitos que generaron el derecho, pudiendo obtener la residencia de larga duración a los cinco años cuando se cumplan los requisitos previstos para ello.

España concede autorización de residencia para profesionales altamente cualificados, válida por tres años y renovable por dos años y permitiendo residencia permanente a los cinco años, en dos modalidades: Tarjeta azul-UE para perfiles con formación superior o experiencia equivalente, y autorización de residencia nacional para titulados técnicos de formación profesional o con experiencia acreditada.

21. ¿QUÉ BENEFICIOS TIENEN LOS EXTRANJEROS QUE PRETENDAN ENTRAR EN ESPAÑA O RESIDAN LEGALMENTE Y DESEEN REALIZAR ACTIVIDADES DE INVESTIGACIÓN, DESARROLLO E INNOVACIÓN?

Los extranjeros que pretendan entrar en España, o que, siendo titulares de una autorización de estancia y residencia, deseen realizar actividades de formación, investigación, desarrollo e innovación en entidades públicas o privadas, deberán estar provistos del correspondiente visado o de una autorización de residencia para formación o investigación que tendrá validez en todo el territorio nacional, en los siguientes casos:

a) El personal investigador conforme a la Ley 14/2011, de 1 de junio, de la Ciencia, la Tecnología y la Innovación.

b) El personal científico y técnico que lleve a cabo trabajos de investigación científica, desarrollo e innovación tecnológica, en entidades empresariales o centros de I+D+i establecidos en España.

c) Los investigadores acogidos en el marco de un convenio por organismos de investigación públicos o privados.

d) Los profesores contratados por universidades, órganos o centros de educación superior e investigación, o escuelas de negocios establecidos en España.

En estos casos, **la autorización de residencia para investigación tendrá dos modalidades**:

a) **Autorización de residencia para investigación UE.** Procederá esta autorización en el supuesto de extranjeros que sean titulares de un doctorado o de una cualificación de educación superior adecuada que le permita acceder a programas de doctorado, y hayan sido seleccionados por la entidad de investigación con el fin de realizar una actividad investigadora.

Además de los requisitos generales, el solicitante de una autorización de residencia para investigación UE deberá presentar un convenio de acogida o contrato de trabajo, que, sin perjuicio de los requisitos propios de la modalidad contractual de que se trate, incluirá los siguientes elementos:

- El título o propósito de la actividad de investigación o el ámbito de investigación.
- El compromiso, por parte del extranjero, de tratar de completar la actividad de investigación.
- El compromiso, por parte de la entidad de investigación, de acoger al extranjero con el fin de completar la actividad de investigación.
- La fecha inicial y final de la actividad de investigación o su duración estimada.
- Información, en su caso, sobre la movilidad prevista en otros Estados miembros.

A los efectos de solicitar esta autorización, las cartas de invitación expresamente aceptadas por el investigador podrán ser consideradas como convenios cuando cumplan dicho contenido mínimo.

b) **Autorización de residencia para investigación nacional.**

El período de validez de una autorización de residencia para investigación será de tres años o igual a la duración del convenio de acogida o contrato, en caso de ser esta inferior. Una vez cumplido dicho plazo podrá solicitar la renovación de la autorización de residencia por dos años, pudiendo obtener la residencia permanente a los cinco años.

La autorización de residencia para investigación UE habilitará a impartir clases relacionadas con la actividad investigadora, además de la actividad investigadora, sin perjuicio de la necesidad de cumplir requisitos específicos de acuerdo con la normativa sectorial correspondiente.

Los titulares de una autorización de residencia para investigación UE, expedida por España, podrán entrar, residir y desarrollar una investigación en uno o varios Estados miembros y ser acompañados por sus familiares más próximos, previa comunicación o solicitud de autorización, en su caso, a las autoridades de dichos Estados de acuerdo con su normativa en aplicación de la Directiva (UE) 2016/801 del Parlamento Europeo y del Consejo, de 11 de mayo de 2016, relativa a los requisitos de entrada y residencia de los nacionales de países terceros con fines de investigación, estudios, prácticas, voluntariado, programas de intercambio de alumnos o proyectos educativos y colocación au pair.

Las entidades establecidas en otros Estados miembros de la Unión podrán desplazar a España, previa comunicación a la Unidad de Grandes Empresas y Colectivos Estratégicos, a los extranjeros titulares de una autorización de residencia para investigación UE expedida en dicho Estado, durante la validez de dicha autorización, a los que podrán acompañar los miembros de su familia. Esta comunicación deberá efectuarse cuando se presente la solicitud de autorización en el primer Estado o, una vez admitido el investigador en ese primer Estado, tan pronto se tenga conocimiento del proyecto de movilidad.

En la comunicación se incluirá el documento de viaje válido y la autorización válida expedida por el primer Estado miembro, que abarcará el período de movilidad. Además, la comunicación incluirá:

a) El convenio de acogida o contrato suscrito en el primer Estado miembro así como la duración prevista y las fechas estimadas de la movilidad.

b) La prueba de que el investigador dispone de un seguro médico y recursos económicos suficientes, para sí y los miembros de la familia, en su caso.

La Dirección General de Migraciones podrá oponerse, de manera motivada, a la movilidad del investigador en el plazo de 30 días a partir de la fecha de recepción de la comunicación completa en los siguientes supuestos:

a) Cuando no se cumplan las condiciones legalmente previstas

b) Cuando los documentos presentados se hayan adquirido fraudulentamente o hayan sido falsificados o manipulados. O

c) Cuando haya transcurrido el período de validez de la autorización en el otro Estado Miembro.

Los extranjeros que deseen realizar actividades de formación, investigación, desarrollo e innovación en España deben obtener Autorización de residencia para investigación UE o Autorización de residencia para investigación nacional

22. ¿CUÁNTO TIEMPO PUEDE PERMANECER EN ESPAÑA UN EXTRANJERO UNA VEZ FINALIZADA SU ACTIVIDAD INVESTIGADORA?

Una vez finalizada la actividad investigadora, los extranjeros podrán permanecer en España durante un periodo máximo de doce meses con el fin de buscar un empleo adecuado en relación con el campo de la investigación realizada o para emprender un proyecto empresarial.

A tal efecto, durante los sesenta días naturales previos a la fecha de expiración de la vigencia de su autorización de residencia y durante los noventa días naturales posteriores a la fecha en que hubiera finalizado la vigencia de dicha autorización de residencia, el investigador deberá comunicar por medios electrónicos a la Unidad de Grandes Empresas y Colectivos Estratégicos el deseo de permanecer con el fin antes descrito.

La Unidad de Grandes Empresas y Colectivos Estratégicos comprobará con la entidad dedicada a la investigación, antes de prorrogar la autorización, que se ha producido la finalización de la actividad investigadora, que dispone de un seguro de enfermedad y el mantenimiento de recursos suficientes. Para acreditar esta última circunstancia, el solicitante presentará una declaración responsable en la que detallará los medios con los que acredite la suficiencia de recursos.

El plazo para resolver esta prórroga será de 20 días, transcurridos los cuales se entenderá concedida por silencio administrativo. La comunicación a la Unidad de Grandes Empresas prorrogará la validez de la autorización anterior hasta la resolución del procedimiento.

Una vez concedida la prórroga y durante la vigencia de la misma, en caso de encontrar un empleo adecuado en relación con el campo de la investigación realizada o de haber emprendido un proyecto empresarial, se deberá solicitar la autorización correspondiente de entre las reguladas en la Ley Orgánica 4/2000, de 11 de enero, o en la Ley 14/2013, de 27 de septiembre.

Los extranjeros, tras finalizar la actividad investigadora, pueden permanecer en España hasta 12 meses para buscar empleo o emprender, solicitando electrónicamente una prórroga ante la UGE, que se concede por silencio administrativo en 20 días y exige seguro médico y recursos suficientes.

23. ¿QUÉ REQUISITOS DEBE CUMPLIR EL TELETRABAJADOR DE CARÁCTER INTERNACIONAL?

Se halla en situación de residencia por teletrabajo de carácter internacional el nacional de un tercer Estado, autorizado a permanecer en España para ejercer una actividad laboral o profesional a distancia para empresas radicadas fuera del territorio nacional, mediante el uso exclusivo de medios y sistemas informáticos, telemáticos y de telecomunicación.

En el caso de ejercicio de una actividad laboral, el titular de la autorización por teletrabajo de carácter internacional solo podrá trabajar para empresas radicadas fuera del territorio nacional.

En el supuesto de ejercicio de una actividad profesional, se permitirá al titular de la autorización por teletrabajo de carácter internacional trabajar para una empresa ubicada en España, siempre y cuando el porcentaje de dicho trabajo no sea superior al 20 % del total de su actividad profesional.

Podrán solicitar el visado o la autorización de teletrabajo los profesionales cualificados que acrediten ser graduados o postgraduados de universidades de reconocido prestigio, formación profesional y escuelas de negocios de reconocido prestigio o bien con una experiencia profesional mínima de tres años.

Deberán quedar acreditados, además los siguientes requisitos:

a) La existencia de una actividad real y continuada durante al menos un año de la empresa o grupo de empresas con la que el trabajador mantiene relación laboral o profesional.

b) Documentación acreditativa de que la relación laboral o profesional se puede realizar en remoto.

c) En el supuesto de una relación laboral, se deberá acreditar la existencia de la misma entre el trabajador y la empresa no localizada en España durante al menos, los últimos tres meses anteriores a la presentación de la solicitud, así como documentación que acredite que dicha empresa permite al trabajador realizar la actividad laboral a distancia.

d) En el supuesto de la existencia de una relación profesional, se deberá acreditar que el trabajador tiene relación mercantil con una o varias empresas no localizadas en España durante, al menos, los tres últimos meses, así como documentación que acredite los términos y condiciones en los que va a ejercer la actividad profesional a distancia.

La residencia por teletrabajo internacional permite a extranjeros trabajar en remoto para empresas fuera de España, con opción de colaborar hasta un 20 % con empresas españolas, siempre que acrediten cualificación o experiencia, relación laboral o profesional previa y viabilidad del trabajo a distancia.

24. ¿CÓMO SE FACILITA LA RESIDENCIA Y VISADO PARA EMPRENDEDORES Y TELETRABAJADORES INTERNACIONALES?

La ley simplifica y agiliza los trámites para obtener visados y autorizaciones de residencia para inversores, emprendedores, profesionales altamente cualificados, investigadores y teletrabajadores internacionales, incluyendo la posibilidad de tramitar todo electrónicamente y mediante ventanilla única.

25. ¿QUÉ ES UNA MINIEMPRESA O EMPRESA DE ESTUDIANTES?

La miniempresa o empresa de estudiantes se reconoce como herramienta pedagógica.

La miniempresa o empresa de estudiantes deberá inscribirse por la organización promotora del programa miniempresa en el registro que se habilitará al efecto, lo que permitirá a la miniempresa realizar transacciones económicas y monetarias, emitir facturas y abrir cuentas bancarias.

La miniempresa o empresa de estudiantes tendrá una duración limitada a un curso escolar prorrogable a un máximo de dos cursos escolares. Deberá liquidarse al final del año escolar presentando el correspondiente acta de liquidación y disolución.

La miniempresa o empresa de estudiantes estará cubierta por un seguro de responsabilidad civil u otra garantía equivalente suscrito por la organización promotora.

> **La miniempresa o empresa de estudiantes es una herramienta pedagógica que debe inscribirse en un registro para operar legalmente, tiene duración limitada a uno o dos cursos escolares, debe liquidarse al final del periodo y estar cubierta por seguro de responsabilidad civil.**

26. ¿QUÉ ES LA AUTORIZACIÓN DE RESIDENCIA AL ESTUDIANTE PARA LA BÚSQUEDA DE EMPLEO O PARA EMPRENDER UN PROYECTO EMPRESARIAL?

Una vez finalizados los estudios en una institución de educación superior, los extranjeros que hayan alcanzado como mínimo el Nivel 6 de acuerdo con el Marco Europeo de Cualificaciones, correspondiente a la acreditación de grado, podrán permanecer en España durante un período máximo improrrogable de veinticuatro meses con el fin de buscar un empleo adecuado en relación con el nivel de los estudios finalizados o para emprender un proyecto empresarial.

A tal efecto, durante los sesenta días naturales previos a la fecha de expiración de la vigencia de su autorización de estancia por estudios y durante los noventa días naturales posteriores a la fecha en que hubiera finalizado la vigencia de dicha autorización de estancia, el estudiante solicitará mediante medios electrónicos una autorización de residencia para la búsqueda de empleo o para emprender un proyecto empresarial a la Delegación o Subdelegación del Gobierno de la provincia en la que vaya a residir, que únicamente comprobará que se ha obtenido el título o certificado de educación superior u otra prueba de cualificación oficial, que cuenta con seguro médico y el mantenimiento de recursos suficientes. Para acreditar esta última circunstancia, el solicitante presentará una declaración responsable en la que detallará los medios con los que acredite la suficiencia de recursos.

La solicitud en el plazo indicado en el apartado anterior prorroga la validez de la autorización anterior hasta la resolución del procedimiento. Todo ello, sin perjuicio de la posible incoación del correspondiente procedimiento sancionador por la infracción en que se hubiese incurrido de haber caducado la autorización.

El plazo para resolver esta autorización será de 20 días, transcurridos los cuales se entenderá concedida por silencio administrativo.

Durante la vigencia de la autorización de residencia para la búsqueda de empleo o para emprender un proyecto empresarial, podrá estar acompañado por sus familiares en caso de que estos ya le hubiesen acompañado durante su estancia por estudios. Su permanencia estará en todo caso vinculada a la situación del titular de la autorización principal.

Durante la vigencia de la autorización de residencia para la búsqueda de empleo o para emprender un proyecto empresarial, en caso de encontrar un empleo adecuado en relación con el nivel de los estudios finalizados o de haber emprendido un proyecto empresarial, se deberá solicitar la autorización correspondiente de entre las reguladas en la Ley Orgánica 4/2000, de 11 de enero, o en la Ley 14/2013, de 27 de septiembre.

Los extranjeros que finalicen estudios superiores en España pueden solicitar una autorización para permanecer hasta 24 meses con el fin de buscar empleo o emprender, acreditando título, seguro médico y recursos suficientes

27. ¿CÓMO SE DEBE DE PROMOVER LA FORMACIÓN DE ENSEÑANZAS Y DE PROFESORADO FORMADO EN MATERIA DE EMPRENDIMIENTO?

Los currículos de Educación Primaria, Secundaria Obligatoria, Bachillerato y Formación Profesional incorporarán objetivos, competencias, contenidos y criterios de evaluación de la formación orientados al desarrollo y afianzamiento del espíritu emprendedor, a la adquisición de competencias para la creación y desarrollo de los diversos modelos de empresas y al fomento de la igualdad de oportunidades y del respeto al emprendedor y al empresario, así como a la ética empresarial.

Por su parte, el personal docente universitario deberá adquirir las competencias y habilidades relativas al emprendimiento, la iniciativa empresarial, la igualdad de oportunidades en el entorno empresarial, y la creación y desarrollo de empresas, a través de la formación inicial o de la formación permanente del profesorado.

28. ¿CUÁL ES EL OBJETIVO PRINCIPAL DE LA LEY DE EMPRESAS EMERGENTES (LEY 28/2022)?

El objetivo es establecer un marco normativo específico para apoyar la creación y el crecimiento de empresas emergentes en España, así como un sistema de seguimiento y evaluación de sus resultados.

29. ¿QUÉ ES UNA EMPRESA EMERGENTE/STARTUP?

Las personas jurídicas (incluidas empresas de base tecnológica) que cumplan simultáneamente estos requisitos:

- Ser de nueva creación o tener menos de 5 años (7 años para sectores estratégicos).
- No haber surgido de una fusión, escisión o transformación de empresas no emergentes.
- No distribuir dividendos.
- No cotizar en mercados regulados.
- Tener sede o establecimiento permanente en España.
- Tener al menos el 60% de la plantilla con contrato laboral en España.
- Desarrollar un proyecto innovador con modelo de negocio escalable.

30. ¿QUÉ EMPRESAS QUEDAN EXCLUIDAS DE LOS BENEFICIOS DE LA LEY?

Empresas cuyos fundadores o directivos no estén al corriente de obligaciones tributarias o con la Seguridad Social, o hayan sido condenados por ciertos delitos (administración desleal, blanqueo, fraude, etc.), o hayan perdido la posibilidad de contratar con la Administración.

31. ¿CÓMO SE ACREDITA QUE UNA EMPRESA ES INNOVADORA Y ESCALABLE?

Los emprendedores deben solicitar a ENISA la evaluación de las características de innovación y escalabilidad. ENISA tiene hasta 3 meses para resolver la solicitud. Se valoran criterios como grado de innovación, atractivo del mercado, fase de vida, modelo de negocio, competencia, equipo, dependencia de proveedores, volumen de clientes, y posibles riesgos reputacionales.

32. ¿QUÉ INCENTIVOS FISCALES EXISTEN PARA LAS EMPRESAS EMERGENTES?

La Ley 28/2022 introduce una serie de ventajas fiscales específicas para favorecer el crecimiento y consolidación de las empresas emergentes en España. Los principales incentivos son:

a. Tipo reducido del Impuesto sobre Sociedades y del Impuesto sobre la Renta de No Residentes

   - Las empresas emergentes tributan al 15% (en lugar del 25% general) en el Impuesto sobre Sociedades o en el Impuesto sobre la Renta de No Residentes.
   - Este tipo reducido se aplica en el primer período impositivo en el que la base imponible resulte positiva y en los tres ejercicios siguientes, siempre que se mantenga la condición de empresa emergente.

b Aplazamiento de la deuda tributaria

- Las empresas emergentes pueden solicitar el aplazamiento del pago de la deuda tributaria correspondiente a los dos primeros períodos impositivos en los que la base imponible sea positiva.
- El aplazamiento es de 12 meses para el primer ejercicio y de 6 meses para el segundo, sin necesidad de aportar garantías ni intereses de demora.

c. Exención de pagos fraccionados

- Durante el primer período impositivo en el que la base imponible sea positiva y en el siguiente, las empresas emergentes no están obligadas a realizar pagos fraccionados del Impuesto sobre Sociedades.

d. Incentivos para inversores y empleados

- Se eleva la deducción por inversión en empresas de nueva o reciente creación hasta el 50% de la inversión, con una base máxima de 100.000 euros anuales.
- Se amplía el plazo para invertir y beneficiarse de la deducción de 3 a 5 años desde la constitución de la empresa (7 años para sectores estratégicos).
- Mejora del tratamiento fiscal de las stock options (opciones sobre acciones): el importe exento se eleva hasta 50.000 euros anuales, facilitando la retribución flexible y la atracción de talento.

e. Régimen fiscal especial para trabajadores desplazados

- Se flexibilizan los requisitos para acceder al régimen fiscal especial de impatriados ("Ley Beckham"), permitiendo que emprendedores, inversores y trabajadores altamente cualificados que se trasladen a España tributen solo por la renta obtenida en territorio español, con un tipo fijo del 24% hasta 600.000 euros.

33. ¿QUÉ FACILIDADES HAY PARA INVERSORES EXTRANJEROS?

Los inversores extranjeros pueden solicitar un número de identificación fiscal sin necesidad de obtener un NIE de forma online.

34. ¿QUÉ MEDIDAS EXISTEN PARA LA ATRACCIÓN Y RETENCIÓN DE TALENTO?

- Posibilidad de autocartera para ejecutar planes de retribución en sociedades limitadas.
- Bonificaciones para trabajadores autónomos en situación de pluriactividad.
- Régimen fiscal especial para trabajadores, profesionales, emprendedores e inversores desplazados a España.

35. ¿QUÉ FORMALIDADES SE APLICAN A LAS SOCIEDADES LIMITADAS EMERGENTES?

- Inscripción de actos societarios en un plazo de 5 días hábiles.
- Aranceles notariales y registrales reducidos si se usan estatutos tipo y capital social inferior a 3.100 euros.
- Exención de tasas por publicación en el BORME.
- No incurren en causa de disolución por pérdidas durante los tres primeros años.

36. ¿QUÉ ES LA COMPRA PÚBLICA INNOVADORA?

El Gobierno y las administraciones fomentarán la compra de tecnología y procesos innovadores a empresas emergentes, facilitando su acceso a licitaciones y valorando criterios sociales y medioambientales.

37. ¿QUÉ SON LOS ENTORNOS REGULADOS DE PRUEBAS?

Las empresas emergentes en sectores regulados pueden solicitar licencias de prueba temporales (máx. 1 año) para desarrollar actividades innovadoras bajo supervisión, especialmente en zonas rurales.

38. ¿CÓMO SE FOMENTA LA COLABORACIÓN ENTRE UNIVERSIDADES Y EMPRESAS EMERGENTES/STARTUP?

Se promueven programas educativos en emprendimiento y habilidades digitales, especialmente en zonas rurales, y se reconoce a las spin off universitarias como empresas emergentes innovadoras.

39. ¿QUÉ AYUDAS PÚBLICAS EXISTEN PARA LAS EMPRESAS EMERGENTES/STARTUP?

Tanto a nivel europeo, como nacional y autonómico se incluyen programas para fomentar la creación, expansión e inversión de las startups. Entre otros, por ejemplo, el programa EIC accelerator, programa LIFE, líneas Enisa, línea ICO empresa y emprendedores, ayudas destinadas a personas emprendedoras y pymes en apoyo al inicio y consolidación de su proyecto empresarial (EMPYME) de la Generalitat Valenciana o subvenciones municipales del Ayuntamiento de Valencia.

40. ¿CÓMO SE REALIZA EL SEGUIMIENTO Y EVALUACIÓN DE LA LEY?

Se crea el Foro Nacional de Empresas Emergentes para analizar y proponer mejoras. El Gobierno debe presentar informes anuales sobre los resultados y propuestas de mejora de la ley.

41. ¿QUÉ SUCEDE SI UNA EMPRESA EMERGENTE DEJA DE CUMPLIR LOS REQUISITOS DE LA LEY?

La empresa y sus inversores dejarán de beneficiarse de las ventajas de la ley si:

- Dejan de cumplir cualquiera de los requisitos establecidos.
- Se extingue la empresa antes del plazo.
- Es adquirida por una empresa no emergente.
- Supera los 10 millones de euros de volumen de negocio anual.

- Realiza actividades que dañen significativamente el medio ambiente.
- Sus socios principales o administradores son condenados por ciertos delitos.

42. ¿CÓMO SE INSCRIBEN LOS ACTOS Y ACUERDOS DE LAS EMPRESAS EMERGENTES EN EL REGISTRO MERCANTIL?

El plazo para la inscripción de empresas emergentes y sus actos societarios es de cinco días hábiles. Si se usan estatutos tipo y tramitación telemática, la inscripción puede realizarse en seis horas hábiles.

43. ¿QUÉ VENTAJAS TIENEN LAS EMPRESAS EMERGENTES EN LA CONTRATACIÓN PÚBLICA?

Las Administraciones Públicas deben adaptar los requisitos de solvencia económica y técnica para facilitar la participación de empresas emergentes en licitaciones de compra pública innovadora, especialmente en zonas rurales o poco pobladas.

44. ¿QUÉ ES UNA "STARTUP DE ESTUDIANTES" SEGÚN LA LEY?

Es una herramienta pedagógica promovida por una organización educativa, que puede realizar transacciones económicas, emitir facturas y abrir cuentas bancarias. Su duración es de un curso escolar, prorrogable a dos, y debe estar cubierta por un seguro de responsabilidad civil.

45. ¿QUÉ DEDUCCIONES FISCALES PUEDEN APLICAR LOS INVERSORES EN EMPRESAS EMERGENTES/STARTUPS?

Los contribuyentes pueden deducirse hasta el 50% de las cantidades invertidas en empresas de nueva o reciente creación, con una base máxima de 100.000 euros anuales, siempre que se cumplan ciertos requisitos de permanencia y participación.

ANEXOS

ANEXO I. DIEZ CUESTIONES BÁSICAS COMPARANDO EL EMPRENDIMIENTO COMO EMPRESARIO INDIVIDUAL CON UNA SL (SOCIEDAD DE RESPONSABILIDAD LIMITADA)

Una vez expuesto los aspectos básicos del empresario individual (autónomo) del "Emprendedor de responsabilidad limitada" y de las empresas emergentes (Startups) vamos a hacer una comparativa entre empresario individual y SL con 10 cuestiones básicas.

Sin obviar que también es posible limitar la responsabilidad patrimonial a los bienes de la empresa a través de una SA (Sociedad Anónima) pensada ya para una gran empresa.

1. ¿Cómo afecta la vía jurídica para emprender (como empresario individual o como SL) a mi patrimonio personal?

Esta es la Gran Decisión Inicial, la pregunta más crítica, pues define el nivel de riesgo que asume el emprendedor.

- **Empresario Individual (Autónomo):**
  - o **Responsabilidad Ilimitada:** El patrimonio del negocio y el patrimonio personal del emprendedor (vivienda, cuentas bancarias, bienes comunes con el cónyuge si no hay separación de bienes) son legalmente el **mismo**.
  - o **Implicación:** En caso de deudas con proveedores, bancos o la administración (Hacienda, Seguridad Social) que el negocio no pueda cubrir, se responderá con los bienes personales presentes y futuros.
  - o **Excepción:** Existe la figura del **Emprendedor de Responsabilidad Limitada (ERL)**, que permite excluir la vivienda habitual de la responsabilidad ante deudas empresariales no hipotecarias y algunas muebles de la empresa, pero es un trámite complejo y poco utilizado.
- **Sociedad Limitada (SL) y Empresa Emergente (Startup):**
  - o **Responsabilidad Limitada al Capital Aportado:** La responsabilidad del socio se limita al capital social que ha aportado a la empresa. El patrimonio personal del socio queda, en principio, blindado.

- **Implicación:** Si la empresa quiebra, la responsabilidad máxima de los socios se limita a la pérdida de su inversión inicial (el capital social).
- **Advertencia:** Los bancos y entidades financieras suelen requerir **avales personales** a los socios administradores para conceder financiación, **lo que anula, en la práctica, la limitación de responsabilidad en esos casos concretos, pues el avalista (fiador) responde con su patrimonio personal.**

Forma jurídica	Empresario Individual	Sociedad Limitada (SL) / Empresa Emergente (Startup)
Responsabilidad	Ilimitada	Limitada al capital aportado
Implicación ante deudas	Se responde con todos los bienes personales presentes y futuros.	Se pierde solo la inversión inicial
Excepciones / Advertencias	Existe el ERL, que excluye la vivienda habitual, pero es complejo y poco usado.	Los Bancos suelen exigir avales personales.

2. ¿Cuándo es financieramente más ventajoso ser Autónomo frente a una Sociedad Limitada (SL)?

La ventaja reside en la **tributación de los beneficios** y se calcula en función de los ingresos previstos.

- **Ventaja del Autónomo (IRPF):**
  - El beneficio se integra en el **Impuesto sobre la Renta de las Personas Físicas (IRPF)**. Al inicio, cuando los beneficios son bajos, la tributación es más ventajosa porque los tramos iniciales del IRPF son inferiores al Impuesto de Sociedades. Además, los gastos profesionales son más fáciles de deducir.
  - Umbral de Rentabilidad (Regla General): La ventaja fiscal del Autónomo se mantiene generalmente hasta que los beneficios netos rondan los **35.000€ - 45.000€ anuales.**
- **Ventaja de la SL (Impuesto de Sociedades):**

- o La SL tributa por el **Impuesto de Sociedades (IS)**, con un tipo general del 25%. El tipo se reduce al **15%** para los primeros años en los que la empresa obtiene beneficios.
- o Cuando los beneficios superan el umbral mencionado, el tipo fijo resulta inferior al tipo marginal del IRPF que tendría que pagar el autónomo, haciendo la SL más eficiente.
- o Doble Tributación: Hay que considerar que el beneficio restante, si se desea retirar de la SL, tributa una segunda vez como reparto de dividendos (IRPF).

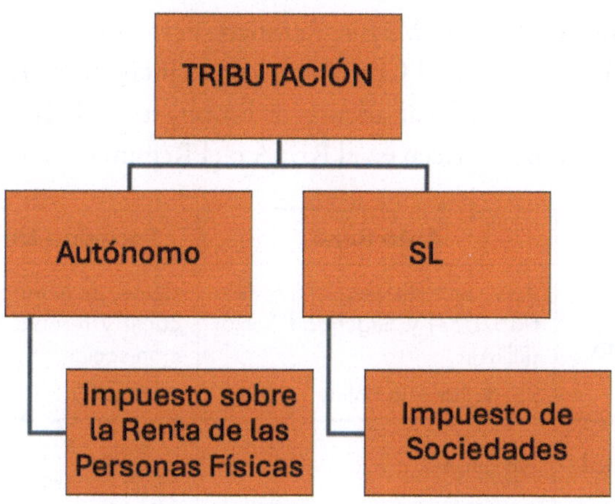

3 ¿Cuáles son los costes iniciales de constitución y los costes de mantenimiento anuales de cada figura?

El coste inicial define la barrera de entrada al mercado.

- **Autónomo (Coste Inicial Mínimo):**
  - o **Constitución:** Prácticamente nula. Alta en Hacienda (Modelo 036/037) y en la Seguridad Social (RETA). Puede realizarse de forma telemática sin coste.
  - o **Capital Social:** No existe.
  - o **Mantenimiento (Cuota de Autónomos):** El principal coste es la cuota mensual a la Seguridad Social, con la aplicación de la **Tarifa**

Plana (cuota reducida) durante los primeros meses, seguida del nuevo sistema de tramos basado en ingresos reales.

- **Sociedad Limitada (SL) (Coste Inicial Mayor):**
    - o **Constitución:** Implica costes de notaría por la escritura pública, registro mercantil por la inscripción y la reserva de la denominación social. Coste aproximado: entre **500€ y 1.000€.**
    - o **Capital Social:** Mínimo de 1 euro (aunque se recomienda aportar más para operar con solvencia), pero si se aporta un capital inferior a 3.000€, se exige destinar una reserva legal.
    - o **Mantenimiento:** Mayor. Requiere llevar una **contabilidad formal** (Plan General Contable), lo que incrementa el gasto en gestoría o asesoría fiscal, además de la obligatoriedad de que los socios trabajadores coticen en el RETA o el Régimen General.

Forma jurídica	Autónomo	Sociedad Limitada (SL)
Constitución	Alta en Hacienda (Modelo 036/037) y Seguridad Social (RETA). Puede hacerse online sin coste.	Costes de notaría, registro mercantil y reserva de denominación social Aprox. 500€-1.000€.
Capital Social	No existe.	Mínimo 1€, pero <3.000€, se exige reserva legal.
Mantenimiento	Cuota mensual a la Seguridad Social (Tarifa Plana inicial y luego sistema por ingresos reales).	Contabilidad formal, gestoría, cotización socios en RETA o Régimen General.

4. ¿Qué obligaciones de contabilidad y presentación de cuentas tiene un Autónomo en comparación con una SL?

La carga administrativa es un factor determinante para el emprendedor con pocos recursos.

- **Autónomo (Contabilidad Simplificada):**
    - o Obligación de llevar **Libros de Registro Simplificados** (Libro de Ventas, Libro de Compras y Gastos, Libro de Bienes de Inversión).

- o Presentación de modelos de IRPF (trimestralmente - Modelo 130 o 131) e IVA (trimestralmente - Modelo 303).
- o No hay obligación de depositar cuentas en el Registro Mercantil.

- **Sociedad Limitada (SL) (Contabilidad Formal):**
  - o Obligación de llevar una **Contabilidad Mercantil completa** (Libro Diario, Libro Mayor, Libros de Inventarios y Cuentas Anuales).
  - o Presentación de los modelos trimestrales de IVA.
  - o Presentación anual del **Impuesto de Sociedades** (Modelo 200).
  - o Obligatoriedad de legalizar los libros contables y **depositar las Cuentas Anuales** en el Registro Mercantil, un proceso que requiere la intervención de un contable o asesor.

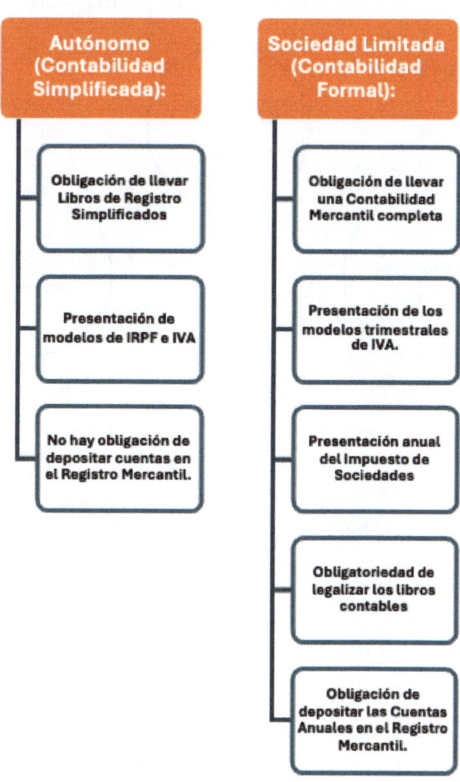

5. ¿Qué es exactamente la figura de "Empresa Emergente" (Startup) y cómo me acojo a sus beneficios?

No es una forma jurídica en sí misma, sino un **régimen especial** que se aplica a figuras jurídicas ya existentes (principalmente SL) que cumplen ciertos requisitos.

- **Requisitos Clave (Según la Ley de Startups):**
    1. Ser una **empresa de nueva creación** o con una antigüedad máxima de años (o años en ciertos sectores).
    2. No haber distribuido dividendos.
    3. Ser una empresa **innovadora** (demostrar la innovación).
    4. No cotizar en mercados regulados.
    5. Tener la sede o un establecimiento permanente en España.

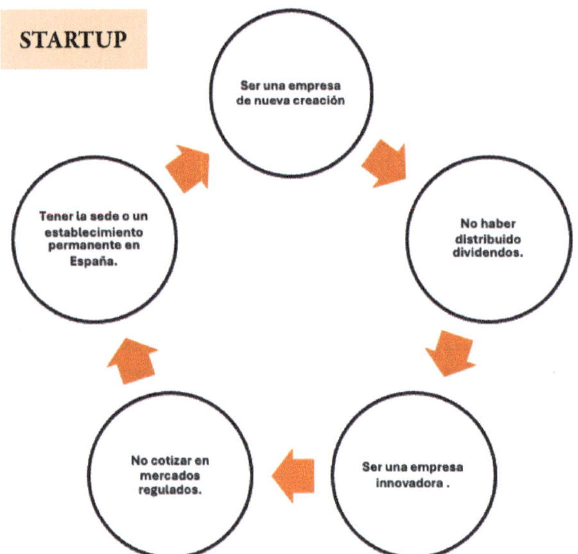

- **Proceso de Acogida:**
    1. La calificación como "Empresa Emergente" debe ser certificada por la **Empresa Nacional de Innovación, S.A. (ENISA)**, que evalúa el carácter innovador y la escalabilidad del proyecto.

2. Una vez obtenida la certificación de ENISA, se puede aplicar la exención y los beneficios fiscales ante la Agencia Tributaria.

6. ¿Cuáles son los principales incentivos fiscales de la Ley de Startups?

La Ley de Startups está diseñada para hacer de España un entorno atractivo para el talento y la inversión.

- **Impuesto de Sociedades Reducido:** El tipo impositivo del IS es del 15% (en lugar del 25% general) durante el primer periodo impositivo en que la base imponible sea positiva y en los tres ejercicios siguientes, siempre que se mantenga la condición de empresa emergente.
- **Aplazamiento de Deuda Tributaria:** Posibilidad de solicitar el aplazamiento del pago del Impuesto de Sociedades del primer y segundo año en que se obtengan beneficios, sin necesidad de aportar garantías.
- **Ventajas para Empleados** (Stock Options)**:** Se aumenta la exención de tributación por la entrega de acciones o participaciones (stock options) a empleados, hasta 50.000 euros anuales.
- **Ventajas para Inversores** (Business Angels)**:** Se mejora la deducción por inversión en empresas de nueva creación (aumentando el tipo de deducción en la cuota del IRPF y la base máxima de inversión).

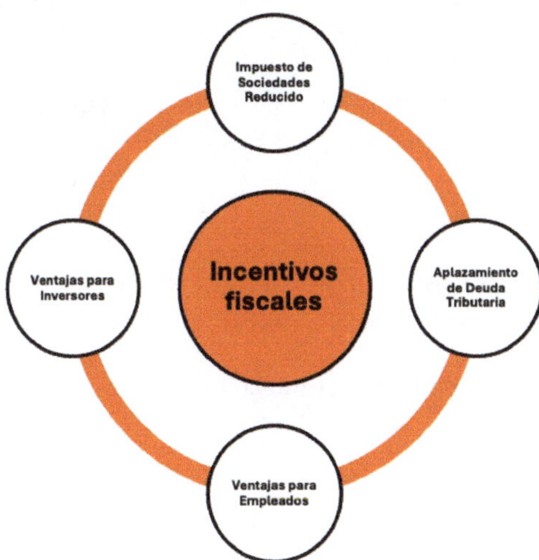

7. Si necesito socios o inversión externa, ¿qué forma o vía jurídica me lo facilita?

El objetivo es asegurar que la estructura legal no sea un obstáculo para la escalabilidad.

- **SL o Startup (Facilidad Total):**
  - La estructura de capital social (participaciones) permite la entrada de nuevos socios, la venta de participaciones (operaciones de M&A) y el acceso a **rondas de financiación.**
  - Los inversores profesionales (**Venture Capital, Business Angels**) siempre exigen que el vehículo de inversión sea una Sociedad de Capital (SL o SA) para poder establecer acuerdos de socios, pactos para sociales y clausulas de protección (liquidación preferente, arrastre).
- **Autónomo (Inviable):**
  - Un empresario individual **no puede tener socios capitalistas** bajo esta figura. La única vía es crear una **Comunidad de Bienes** o una **Sociedad Civil**, que tienen responsabilidad ilimitada. Esto hace que la figura del Autónomo sea inviable para la captación de inversión profesional.

8. ¿Cómo puedo cambiar mi forma jurídica si el negocio crece (de Autónomo a SL)?

Es un paso común, conocido como la "evolución" o **transformación empresarial**.

- **El Proceso de Transición:** Implica la constitución de una nueva SL, a la que el Autónomo puede **traspasar** los activos y el fondo de comercio de su actividad.

- **Implicación Fiscal:** El proceso debe gestionarse con cuidado para evitar una doble tributación. Es fundamental acogerse al **Régimen Especial de Neutralidad Fiscal** (conocido como Régimen de Fusiones y Escisiones), que permite la transmisión de activos y pasivos del Autónomo a la SL sin que esta operación genere impuestos. Si no se aplica este régimen, la venta o traspaso de activos se considera renta y tributa por IRPF.

9. ¿Puedo tener empleados si soy Empresario Individual, o es mejor una SL para contratar?

La capacidad de contratar no depende de la forma jurídica, sino de la necesidad operativa.

- **Capacidad de Contratación:** Tanto el Autónomo como la SL pueden contratar empleados bajo el Régimen General de la Seguridad Social.
- **Ventaja de la SL:** Ofrece una **separación legal** más clara entre el empleador (la sociedad) y el propietario/administrador. En caso de litigios laborales o deudas con la Seguridad Social, la responsabilidad recae primariamente sobre la SL.
- **Desventaja del Autónomo:** Aunque puede contratar, las obligaciones laborales recaen directamente sobre su figura. Además, el autónomo debe cotizar y pagar su propia cuota (RETA), además de la cotización de sus empleados.

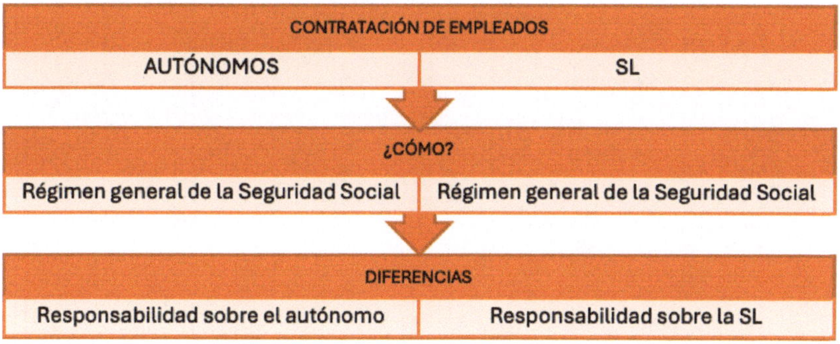

CONTRATACIÓN DE EMPLEADOS	
AUTÓNOMOS	SL
¿CÓMO?	
Régimen general de la Seguridad Social	Régimen general de la Seguridad Social
DIFERENCIAS	
Responsabilidad sobre el autónomo	Responsabilidad sobre la SL

10. ¿Necesito un notario y un registro para todas las figuras jurídicas?

La respuesta define la facilidad y rapidez de inicio de la actividad.

- **Autónomo: NO.** El alta se realiza a través de **Hacienda** (Modelos 036/037 para el inicio de actividad y alta censal) y la **Seguridad Social** (afiliación al RETA). Es un proceso puramente administrativo y telemático.
- **Sociedad Limitada (SL) y Startup: SÍ.** Es obligatorio:
  1. **Certificación Negativa de Denominación:** En el Registro Mercantil Central.
  2. **Escritura Pública:** Ante notario (para la constitución, los estatutos y la aportación de capital).
  3. **Inscripción:** En el Registro Mercantil de la provincia correspondiente para que la sociedad adquiera plena personalidad jurídica.

ANEXO II. ASPECTOS BÁSICOS DEL EMPRESARIO INDIVIDUAL (AUTÓNOMO)

1. Descripción

Es una persona física que realiza de forma habitual, personal, directa, por cuenta propia y fuera del ámbito de dirección y organización de otra persona, una actividad económica o profesional a título lucrativo, con o sin trabajadores por cuenta ajena a su cargo.

2. Características

- Control total de la empresa por parte del propietario, que dirige su gestión.
- La personalidad jurídica de la empresa es la misma que la de su titular (empresario), quien responde personalmente de todas las obligaciones que contraiga la empresa.
- No existe diferenciación entre el patrimonio mercantil y su patrimonio civil.
- La aportación de capital a la empresa, tanto en su calidad como en su cantidad, no tiene más límite que la voluntad del empresario.

3. Ventajas

- Es una forma empresarial idónea para el funcionamiento de empresas de muy reducido tamaño.
- Es la forma que conlleva menos gestiones para su constitución.
- Puede resultar más económico, dado que no crea persona jurídica distinta del propio empresario.

4. Inconvenientes

- La responsabilidad del empresario/a es ilimitada.

- Responde con su patrimonio personal de las deudas generadas en su actividad.
- El titular de la empresa ha de hacer frente en solitario a los gastos y a las inversiones, así como a la gestión y administración.
- Si su volumen de beneficio es importante, puede estar sometido a tipos impositivos elevados ya que la persona física tributa por el Impuesto sobre la Renta de las Personas Físicas.

5. Normativa

- El Código de Comercio en materia mercantil y el Código Civil en materia de derechos y obligaciones.
- Ley 6/2017 de Reformas Urgentes del Trabajo Autónomo.
- Ley 20/2007 del estatuto del trabajo autónomo.
- Real Decreto 197/2009, por el que se desarrolla el Estatuto del Trabajo Autónomo en materia de contrato del trabajador autónomo económicamente dependiente y su registro y se crea el Registro Estatal de asociaciones profesionales de trabajadores autónomos.
- Ley 14/2013 de apoyo a los emprendedores y su internacionalización.
- La Ley 31/2015 por la que se modifica y actualiza la normativa en materia de autoempleo y se adoptan medidas de fomento y promoción del trabajo autónomo y de la economía social.

6. Capital

- No se requiere un capital social mínimo.

7. Fiscalidad

- Impuesto sobre la renta de las personas físicas (IRPF) aplicado el rendimiento para actividades económicas.

8. Responsabilidad

El empresario individual realiza la actividad empresarial en nombre propio asumiendo los derechos y obligaciones derivados de la actividad. Su responsabilidad frente a terceros es universal y responde con todo su continuo presente y futuro de las deudas contraídas en la actividad de la empresa.

ANEXO III. EMPRENDEDOR DE RESPONSABILIDAD LIMITADA (ERL)

1. Concepto

Personas físicas que con limitación de responsabilidad bajo determinadas condiciones, realiza de forma habitual, personal, directa, por cuenta propia y fuera del ámbito de dirección y organización de otra persona, una actividad económica o profesional a título lucrativo con trabajadores por cuenta ajena a su cargo.

2. Características

- El emprendedor responde personalmente de todas las obligaciones que contraiga la empresa, excluyéndose de las mismas la vivienda habitual (exceptuando las deudas de derecho público) y los bienes de equipo productivo afectos a la explotación, así como los que los reemplacen debidamente identificados en el Registro de Bienes Muebles.
- Control total de la empresa por parte del propietario, que dirige su gestión.
- La personalidad jurídica de la empresa es la misma que la de su titular (empresario).
- La aportación de capital a la empresa, tanto en su calidad como en su cantidad, no tiene más límite que la voluntad del empresario.
- El emprendedor inscrito deberá hacer constar en toda su documentación, con expresión de los datos registrales, su condición de «Emprendedor de Responsabilidad Limitada» o mediante la adición a su nombre, apellidos y datos de identificación fiscal de las siglas «ERL».

3. Ventajas

- El emprendedor podrá limitar su responsabilidad por las deudas derivadas del ejercicio de dicha actividad empresarial o profesional.
- Es una forma empresarial idónea para el funcionamiento de empresas de muy reducido tamaño.

- No hay que realizar ningún trámite de adquisición de la personalidad jurídica, pero sí es necesario inscribir en el Registro Mercantil y en el Registro de la Propiedad la condición de Empresario de Responsabilidad Limitada indicando los datos de la vivienda habitual que quedará excluida de la responsabilidad de la empresa.
- Puede resultar más económica, dado que no se crea persona jurídica distinta del propio empresario.

4. Inconvenientes

- Es necesaria la inscripción en el Registro Mercantil.
- El empresario responde con su patrimonio personal de las deudas generadas en su actividad, excepto su vivienda habitual bajo determinadas condiciones.
- Si el empresario o empresaria están casados puede dar lugar a que sus actividades alcancen al otro cónyuge, según la clase de bienes:
    - Los bienes propios de los cónyuges empresarios quedan obligados a los resultados de la actividad empresarial.
    - Los bienes gananciales pueden quedar obligados por consentimiento expreso o por presencia y consentimiento.
    - Los bienes privativos del cónyuge del empresario pueden quedar obligados por consentimiento expreso en escritura pública.
- Tributa por tipos más elevados cuanto mayor es su volumen de renta.
- Obligación de elaborar y depositar anualmente en el Registro Mercantil las cuentas anuales de la actividad.

5. Normativa

- El Código de Comercio en materia mercantil y el Código Civil en materia de derechos y obligaciones.
- Ley 18/2022, de 28 de septiembre, de creación y crecimiento de empresas.
- Ley 20/2007 del estatuto del trabajo autónomo.

- Ley 6/2017 de Reformas Urgentes del Trabajo Autónomo.
- Real Decreto 197/2009, por el que se desarrolla el Estatuto del Trabajo Autónomo en materia de contrato del trabajador autónomo económicamente dependiente y su registro y se crea el Registro Estatal de asociaciones profesionales de trabajadores autónomos.
- Ley 14/2013 de apoyo a los emprendedores y su internacionalización.
- Ley 31/2015 por la que se modifica y actualiza la normativa en materia de autoempleo y se adoptan medidas de fomento y promoción del trabajo autónomo y de la Economía Social.

6. Capital

No se requiere un capital social mínimo.

7. Fiscalidad

Impuesto sobre la renta de las personas físicas (IRPF): rendimiento por actividades económicas.

8. Responsabilidad

El empresario responde con su patrimonio personal de las deudas generadas en su actividad.

Queda exceptuada su vivienda habitual siempre que se cumplan las siguientes condiciones:

- El valor de la vivienda no puede superar los 300.000 €. Esta valoración se realiza conforme a la base imponible del Impuesto sobre Transmisiones Patrimoniales y Actos Jurídicos Documentados en el momento de la inscripción en el Registro Mercantil.
- En el caso de viviendas situadas en población de más de 1.000.000 de habitantes se aplicará un coeficiente del 1,5 al valor del párrafo anterior.
- En la inscripción del Registro Mercantil correspondiente a su domicilio se indicará el bien inmueble, propio o común, que se pretende no quede obligado por las resultas del giro empresarial o profesional.

- No podrá beneficiarse de la limitación de responsabilidad el deudor que hubiera actuado con fraude o negligencia grave en el cumplimiento de sus obligaciones con terceros, siempre que así conste por sentencia firme o en concurso declarado culpable.
- Salvo que los acreedores presten su consentimiento expresamente, subsistirá la responsabilidad universal del deudor por las deudas contraídas con anterioridad a su inscripción en el Registro Mercantil como emprendedor individual de responsabilidad limitada.
- También quedan protegidos los bienes de equipo productivo afectos a la explotación y los que los reemplacen, cuando estén debidamente identificados en el Registro de Bienes Muebles.
- Transcurridos siete meses desde el cierre del ejercicio social sin que se hayan depositado las cuentas anuales en el Registro Mercantil, el emprendedor perderá el beneficio de la limitación de responsabilidad en relación con las deudas contraídas con posterioridad al fin de ese plazo. Recuperará el beneficio en el momento de la presentación.

Si el empresario/a está casado puede dar lugar a que la responsabilidad derivada de sus actividades alcance a su cónyuge. Por ello hay que tener en cuenta el régimen económico que rige el matrimonio y la naturaleza de los bienes en cuestión.

En este sentido, conviene aclarar lo siguiente:

- Los bienes privativos del empresario quedan obligados a los resultados de la actividad empresarial.
- Los bienes destinados al ejercicio de la actividad y los adquiridos como consecuencia de dicho ejercicio, responden en todo caso del resultado de la actividad empresarial.
- En el régimen de bienes gananciales, cuando se trata de bienes comunes del matrimonio, para que éstos queden obligados será necesario el consentimiento de ambos cónyuges. El consentimiento se presume cuando se ejerce la actividad empresarial con conocimiento y sin oposición expresa del cónyuge y también cuando al contraer matrimonio uno de los cónyuges ejerciese la actividad y continuase con ella sin oposición del otro.

- Los bienes privativos del cónyuge del empresario no quedan afectos al ejercicio de la actividad empresarial, salvo que exista un consentimiento expreso de dicho cónyuge.
- En todo caso, el cónyuge puede revocar libremente el consentimiento tanto expreso como presunto.
- El empresario individual no está obligado a inscribirse en el Registro Mercantil, aunque puede ser conveniente inscribirse entre otras razones para registrar los datos relativos al cónyuge, el régimen económico del matrimonio, las capitulaciones, así como el consentimiento, la revocación u oposición del cónyuge a la afección a la actividad empresarial de los bienes comunes o los privativos.

ANEXO IV.
AUTÓNOMO DEPENDIENTE

Se define como que aquel que realiza una actividad económica o profesional a título lucrativo y de forma habitual, personal, directa y predominante, para una persona física o jurídica denominada cliente, del que depende económicamente, en al menos, un 75% de sus ingresos.

El contrato entre ambos ha de realizarse obligatoriamente por escrito y deberá registrarse en el Servicio Público de Empleo Estatal (el registro se puede realizar electrónicamente).

El contrato puede celebrarse para la ejecución de una obra o serie de ellas o para la prestación de uno o más servicios. La duración puede ser por tiempo indefinido o definido, en este último caso cuando finaliza la obra o servicio.

La figura del trabajador autónomo económicamente dependiente es un tipo particular de empresario individual, se regula en la Ley 20/2007 del estatuto del trabajo autónomo y se desarrolla en el Real Decreto 197/2009.

ANEXO V. CREACIÓN DE LA EMPRESA POR INTERNET

La creación de empresas por Internet (CIRCE) es un sistema que ofrece la posibilidad de realizar la creación de la figura de empresario individual (autónomo) por medios telemáticos. De esta forma se evitan desplazamientos y se produce un ahorro sustancial en tiempo y costes.

Para crear una empresa por internet, el emprendedor por sí mismo o a través de los Puntos de Atención al Emprendedor (PAE), deberá cumplimentar el Documento Único Electrónico (DUE). De esta manera el único desplazamiento a realizar es al PAE correspondiente, suponiendo que se decidiera escoger este sistema.

El sistema, también, permite consultar, a través de Internet y previa autenticación, el estado del expediente.

Además, el emprendedor, si lo desea, podrá recibir a través de su teléfono móvil mensajes comunicándole la finalización de los trámites más significativos.

Con el envío a través de internet del Documento Único Electrónico, se inicia la tramitación telemática. A partir de este momento el sistema de tramitación telemática (STT-CIRCE) envía a cada organismo interviniente en el proceso, vía Internet, la parte del DUE que le corresponde para realizar el trámite de su competencia.

ESQUEMA CREACIÓN ONLINE DE UNA SL

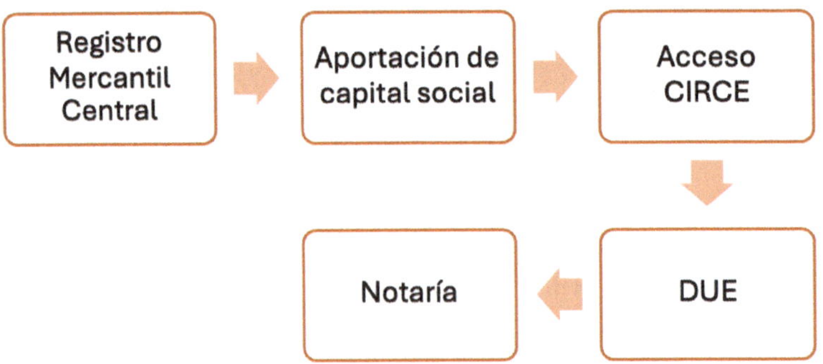

TRÁMITES GENERALES QUE SE REALIZAN CON ESTE SISTEMA:

Trámites en la Seguridad Social

El DUE se envía a la Tesorería General de la Seguridad Social o al Instituto Social de la Marina (TGSS/ISM). Una vez recibido, estos organismos generan:

- Los Códigos de Cuenta de Cotización.
- La afiliación del empresario y el alta del empresario en el Régimen Especial de Trabajadores Autónomos (RETA).
- La afiliación y el alta de los trabajadores, si los hubiere.

La TGSS/ISM devuelve al STT-CIRCE los Códigos y números correspondientes.

Hay que señalar, que cuando se cumplimenta y se envía el DUE se realiza un pre-encuadramiento en el Régimen de Seguridad Social correspondiente en función de los datos introducidos, facilitando considerablemente la realización de los trámites que competen a la Tesorería General de la Seguridad Social y al Instituto Social de la Marina.

Comunicación del inicio de actividad a la Agencia Tributaria

En el momento en el que se envía el DUE, también se comunica el inicio de actividad del empresario individual a la Administración Tributaria competente, mediante el envío de la Declaración Censal.

TRÁMITES COMPLEMENTARIOS

Por otra parte, si se han proporcionado los datos necesarios cuando se ha cumplimentado el DUE, es posible realizar los siguientes trámites complementarios:

Solicitud de reserva de Marca o Nombre Comercial en la Oficina Española de Patentes y Marcas (OEPM)

Este trámite es opcional y se hace cuando así se solicite en el DUE.

Una vez realizada la solicitud, y embolsada la cantidad requerida a través del STT-CIRCE, la Oficina Española de Patentes y Marcas continuará con el procedimiento administrativo ordinario para el registro del signo distintivo.

El registro de una marca o un nombre comercial otorga a la empresa el derecho exclusivo a impedir que terceros comercialicen productos/servicios idénticos o similares con el mismo signo distintivo.

Solicitud de Licencias en el Ayuntamiento

En aquellos ayuntamientos que utilizan el sistema de tramitación electrónico CIRCE se realizará la solicitud de licencias o la declaración responsable según el tipo de actividad de la empresa.

Comunicación de los contratos de trabajo al Servicio Público de Empleo Estatal (SEPE)

Este trámite consiste en realizar la legalización o alta de los contratos de trabajo de los trabajadores por cuenta ajena, si los hubiera.

TRÁMITES NO INCLUIDOS EN EL SISTEMA

Existen una serie de trámites necesarios para el alta como Empresario individual (Autónomo) que todavía no están cubiertos por CIRCE.

- La comunicación de la apertura del Centro de Trabajo (trámite incluido en el procedimiento telemático únicamente en la Región de Murcia y la Comunidad de Madrid), en caso de tener contratados trabajadores.
- La obtención y legalización de los libros.
- Inscripción, en su caso, en otros organismos oficiales y/o registros.

DOCUMENTACIÓN E INFORMACIÓN PARA CUMPLIMENTAR EL DUE

Documentación

- Original y fotocopia del D.N.I. del empresario y de los trabajadores si los hubiera.
- Original y fotocopia de la Tarjeta de la Seguridad Social del empresario y de los trabajadores, si los hubiera, u otro documento que acredite el número de afiliación a la Seguridad Social.
- Extranjeros sin DNI: NIE Comunitario o NIE y permiso de residencia y trabajo por cuenta propia.

- Si el empresario está casado: DNI o NIE del cónyuge y régimen del matrimonio.
- Para contratación de trabajadores: contrato o acuerdo de contratación o autorización para cursar el alta en la Seguridad Social.

Información

- Epígrafe AE (Actividades Económicas).
- Código de actividad según la Clasificación Nacional de Actividades Económicas (CNAE).
- Datos del domicilio de la empresa y de la actividad empresarial (incluido: metros cuadrados del lugar de la actividad, código postal y teléfono).
- Para adscripción al Régimen Especial de Trabajadores Autónomos: base de cotización elegida, Mutua de IT (incapacidad temporal) y si optará a la cobertura por accidente de trabajo y enfermedad profesional (AT-EP).

Deberán aportar un número de cuenta bancaria para realizar la domiciliación de la cuota del RETA (Régimen Especial de Trabajadores Autónomos).

ANEXO VI. SOLICITUD CERTIFICACIÓN NEGATIVA DE DENOMINACIÓN

1. Requisito

La constitución de una sociedad mercantil o de una entidad inscribible en un Registro Mercantil, exige la obtención previa en el Registro Mercantil Central de una certificación favorable que recoja la expresión denominativa con la que va a ser identificada la sociedad como sujeto de derechos y obligaciones en todas sus relaciones jurídicas.

La denominación habrá de coincidir exactamente con la que conste en la certificación negativa expedida por el Registrador Mercantil Central.

2. Solicitud

La solicitud de certificación de denominación social deberá incluir no solo los datos del interesado o beneficiario de la certificación, sino también la denominación social o su abreviatura (SL, por ejemplo) y se consignarán hasta un máximo de cinco denominaciones por orden de preferencia.

3. Plazo de reserva

La certificación de que no figura registrada la denominación solicitada supone que dicha denominación quede registrada a nombre del interesado o beneficiario durante 6 meses desde la fecha de expedición.

Transcurridos esos 6 meses de reserva de denominación si no se ha realizado la inscripción de la sociedad en el Registro Mercantil, la denominación causará baja por lo que debe solicitarse una nueva Certificación.

4. Plazo de vigencia

La certificación negativa tendrá una vigencia de 3 meses a efectos de otorgamiento de escritura, contados desde la fecha de su expedición por el Registrador Mercantil Central.

Pasado ese plazo, caduca la certificación, pero el interesado podrá solicitar su renovación con la misma denominación.

5. Forma de solicitar la certificación negativa de denominación

- Presencialmente directamente en las oficinas del Registro Mercantil Central.
- Por correo remitiendo una solicitud o una carta a las oficinas del Registro Mercantil Central.
- Por vía telemática rellenando el formulario existente en la web: https://www.rmc.es/IntroDenominaciones.aspx

6. Alternativa

Si el interesado prefiere, en lugar de crear un nombre creado por él, puede elegir uno de los disponibles en la Bolsa de Denominaciones Sociales que serán asignadas de manera inmediata a la empresa.

ANEXO VII. LEY 28/2022, DE 21 DE DICIEMBRE, DE FOMENTO DEL ECOSISTEMA DE LAS EMPRESAS EMERGENTES. (LEY DE STARTUPS)

TÍTULO PRELIMINAR
Disposiciones generales

Artículo 1. Objeto.

1. Esta ley tiene como objeto establecer un marco normativo específico para apoyar la creación y el crecimiento de empresas emergentes en España, teniendo en cuenta la distribución competencial sobre la materia entre el Estado y las Comunidades Autónomas.

2. Igualmente, establece un sistema de seguimiento y evaluación de sus resultados sobre el ecosistema español de empresas emergentes.

Artículo 2. Objetivos generales.

Los objetivos generales de esta ley son los siguientes:

a) Fomentar la creación, el crecimiento y la relocalización de empresas emergentes en España, en especial de las microempresas, de las pequeñas y las medianas empresas emprendedoras, fijando además las condiciones que favorezcan su capacidad de internacionalización.

b) Atraer talento y capital internacional para el desarrollo del ecosistema español de empresas emergentes.

c) Estimular la inversión pública y privada en empresas emergentes.

d) Favorecer la interrelación entre empresas, agentes financiadores y territorios para aumentar las posibilidades de éxito de las empresas emergentes, con especial atención al fomento de polos de atracción de empresas emergentes en entornos rurales, y especialmente, en aquellas zonas que están perdiendo población, en aras de una mayor cohesión social y territorial.

e) Impulsar el acercamiento entre la formación profesional y la universidad y las empresas emergentes.

f) Contribuir a incrementar la transferencia de conocimientos de la Universidad y de los organismos públicos de investigación y restantes agentes públicos del Sistema Español de Ciencia, Tecnología e Innovación al mundo empresarial.

g) Eliminar las brechas de género existentes en el ecosistema español de empresas emergentes.

h) Apoyar el desarrollo de polos de atracción de empresas e inversores.

i) Impulsar la compra pública innovadora con empresas emergentes.

j) Garantizar la eficacia y coherencia del sistema estatal de ayudas al emprendimiento basado en innovación.

k) Promover el seguimiento participativo de la evolución del ecosistema español de empresas emergentes y de los resultados de esta ley.

Artículo 3. Ámbito de aplicación y definiciones.

1. Esta ley será de aplicación a las empresas emergentes, entendiendo por empresa emergente, a los efectos de esta ley, toda persona jurídica, incluidas las empresas de base tecnológica creadas al amparo de la Ley 14/2011, de 1 de junio, de la Ciencia, la Tecnología y la Innovación, que reúna simultáneamente las siguientes condiciones:

a) Ser de nueva creación o, no siendo de nueva creación, cuando no hayan transcurrido más de cinco años desde la fecha de inscripción en el Registro Mercantil, o Registro de Cooperativas competente, de la escritura pública de constitución, con carácter general, o de siete en el caso de empresas de biotecnología, energía, industriales y otros sectores estratégicos o que hayan desarrollado tecnología propia, diseñada íntegramente en España, que se determinarán a través de la orden a la que hace referencia el artículo 4.1.

b) No haber surgido de una operación de fusión, escisión o transformación de empresas que no tengan consideración de empresas emergentes. Los términos concentración o segregación se consideran incluidos en las anteriores operaciones.

c) No distribuir ni haber distribuido dividendos, o retornos en el caso de cooperativas.

d) No cotizar en un mercado regulado.

e) Tener su sede social, domicilio social o establecimiento permanente en España.

f) Tener al 60 % de la plantilla con un contrato laboral en España. En las cooperativas se computarán dentro de la plantilla, a los solos efectos del citado porcentaje, los socios trabajadores y los socios de trabajo, cuya relación sea de naturaleza societaria.

g) Desarrollar un proyecto de emprendimiento innovador que cuente con un modelo de negocio escalable, según lo previsto en el artículo 4.

Cuando la empresa pertenezca a un grupo de empresas definido en el artículo 42 del Código de Comercio, el grupo o cada una de las empresas que lo componen deberá cumplir con los requisitos anteriores.

2. A los efectos de este artículo, se entiende por empresa de base tecnológica aquella cuya actividad requiere la generación o un uso intensivo de conocimiento científico-técnico y tecnologías para la generación de nuevos productos, procesos o servicios y para la canalización de las iniciativas de investigación, desarrollo e innovación y la transferencia de sus resultados.

Se considerará que una empresa emergente es innovadora cuando su finalidad sea resolver un problema o mejorar una situación existente mediante el desarrollo de productos, servicios o procesos nuevos o mejorados sustancialmente en comparación con el estado de la técnica y que lleve implícito un riesgo de fracaso tecnológico, industrial o en el propio modelo de negocio.

3. No podrán acogerse a los beneficios de esta ley aquellas empresas emergentes fundadas o dirigidas por sí o por persona interpuesta, que no estén al corriente de las obligaciones tributarias y con la Seguridad Social, hayan sido condenadas por sentencia firme por un delito de administración desleal, insolvencia punible, delitos societarios, delitos de blanqueo de capitales, financiación del terrorismo, delitos contra la Hacienda pública y la Seguridad Social, delitos de prevaricación, cohecho, tráfico de influencias, malversación de caudales públicos, fraudes y exacciones ilegales o delitos urbanísticos, así como a aquellas condenadas a la pena de pérdida de la posibilidad de obtener subvenciones o ayudas públicas. Asimismo, no podrán acogerse a dichos beneficios quienes hayan perdido la posibilidad de contratar con la Administración.

Artículo 4. Certificación del emprendimiento innovador y escalable del modelo de negocio.

1. Los emprendedores que quieran acogerse a los beneficios y especialidades de esta ley deberán solicitar a ENISA, Empresa Nacional de Innovación, S.M.E., SA, que evalúe todas las características recogidas en los artículos 3 y 6, además del criterio del carácter de emprendimiento innovador y escalable de su modelo de negocio. La innovación propuesta podrá ser de producto o de negocio. Mediante orden ministerial conjunta, el Ministerio de Asuntos Económicos y Transformación Digital, el Ministerio de Industria, Comercio y Turismo y el Ministerio de Ciencia e Innovación determinarán conjuntamente los criterios para evaluar las características de los artículos 3 y 6, en especial el carácter de emprendimiento innovador y escalable de las empresas emergentes, que podrán estar basados en referencias nacionales e internacionales ampliamente aceptadas para reconocer el carácter de emprendimiento innovador y escalable de una empresa, así como las medidas procedimentales necesarias para el correcto cumplimiento del proceso de acreditación de estas empresas.

2. El procedimiento de evaluación llevado a cabo por ENISA se efectuará en un plazo, no superior a tres meses, a contar desde la fecha en que la solicitud, completa con toda la información requerida, efectuada por los emprendedores que quieran acogerse a los beneficios y especialidades de esta ley haya tenido entrada en el registro electrónico habilitado a tal fin. El vencimiento de dicho plazo sin que se haya notificado resolución expresa, legitima al interesado que hubiera realizado la solicitud para entenderla estimada por silencio administrativo positivo. El cómputo del plazo máximo para resolver se suspenderá cuando se requiera al interesado para que subsane las deficiencias de su solicitud o aporte documentos necesarios para dictar la resolución, según lo dispuesto en el artículo 22 de la Ley 39/2015, de 1 de octubre, del Procedimiento Administrativo Común de las Administraciones Públicas.

3. El análisis sobre el grado de innovación del proyecto emprendedor y sobre la escalabilidad del modelo de negocio se basará en, al menos, los siguientes criterios:

a) Grado de innovación. Se valorará haber recibido financiación pública en los últimos tres años, sin haber sufrido revocación por incorrecta o insuficiente ejecución de la actividad financiada. También se tendrán en cuenta los gastos en investigación, desarrollo e innovación tecnológica respecto de los gastos totales de la empresa durante los dos ejercicios anteriores, o en el ejercicio anterior cuando se trate de empresas de menos de dos años.

b) Grado de atractivo del mercado. Se valorará la oferta y demanda en el sector, la generación de tracción, estrategias de captación de usuarios o clientes, entre otros aspectos.

c) Fase de vida de la empresa. Se valorará la implementación de prototipos y la obtención de un producto mínimo viable o la puesta en mercado del servicio.

d) Modelo de negocio. Se considerará la escalabilidad del número de usuarios, del número de operaciones o de la facturación anual.

e) Competencia. Se valorarán las empresas competidoras en su ámbito o sector de actividad y la diferenciación respecto de las mismas.

f) Equipo. Se valorará la experiencia, formación y trayectoria del equipo que componga la empresa.

g) Dependencia de proveedores, suministradores y contratos de alquiler. Se tendrán en cuenta las relaciones con otros operadores económicos.

h) Clientes. Se valorará el volumen de clientes o usuarios de la empresa.

i) ENISA, o en su caso, el organismo público vinculado o dependiente de la Administración General del Estado en el que delegue el Gobierno esta función, podrá denegar la acreditación cuando el modelo de negocio presente dudas razonables de potenciales riesgos reputacionales, regulatorios, éticos o especulativos.

4. ENISA publicará en su página web una guía o manual de procedimiento en el que se concretarán los detalles del mismo, así como la documentación a presentar por las empresas interesadas.

5. ENISA, mediante convenio, podrá establecer acuerdos con terceras entidades colaboradoras, categoría en la que se encuentran las entidades de las Comunidades Autónomas, para la realización de actividades relativas a la tramitación, gestión documental, difusión y seguimiento de la solicitud relativa a este procedimiento en los términos que se fijen en dicho convenio y según los criterios establecidos en la orden ministerial conjunta citada en el apartado 1 del presente artículo. En dichos convenios, se establecerán, entre otros elemen-

tos, la documentación a presentar a ENISA por parte de la entidad colaboradora, así como la evaluación de lo establecido en los artículos 3 y 6 de esta ley.

Artículo 5. Acreditación de la condición de empresa emergente.

1. La condición de empresa emergente inscrita en el Registro Mercantil o en el Registro de Cooperativas competente, será condición necesaria y suficiente para poder acogerse a los beneficios y especialidades de esta ley. No obstante, en relación con la tributación de las empresas emergentes, la Administración tributaria podrá comprobar el cumplimiento y mantenimiento en el tiempo de los requisitos que se establecen en el artículo 3, a los efectos de la aplicación de los incentivos fiscales regulados en el capítulo I del título I, y sin perjuicio de las regularizaciones administrativas que procedan.

2. El Registro Mercantil habilitará un procedimiento de consulta en línea gratuito para cualquier persona, que comprenderá, al menos, la fecha de constitución e inscripción de la sociedad, el NIF, el nombre o razón social, el representante legal, su domicilio social y su condición de empresa emergente.

Si un órgano u organismo administrativo debiera acreditar algún requisito, se habilitarán procedimientos electrónicos para su comprobación en línea por el registrador o por el encargado del registro competente.

3. ENISA aportará, previa interlocución con las entidades colaboradoras citadas en el apartado 5 del artículo 4 de la ley con las que celebre convenio, como las entidades autonómicas, la correspondiente documentación acreditativa del cumplimiento de todos los requisitos exigibles para adquirir la condición de empresa emergente directamente al Registro Mercantil, o al Registro de Cooperativas competente, lo que se hará constar en la hoja abierta a la sociedad, y siempre que tales requisitos no exijan la modificación de los estatutos sociales.

Los órganos u organismos públicos competentes deberán proporcionar a ENISA, al Colegio de Registradores de España y al Registro de cooperativas competente los datos relativos a las ayudas europeas u otras que no puedan consultarse en línea.

4. Si el notario que autorice la escritura, o el registrador mercantil o la persona responsable del Registro de cooperativas competente para su inscripción, consideraran que la sociedad ha sido constituida en fraude de ley informará de ello a la Dirección General de Seguridad Jurídica y Fe Pública y a la

Agencia Estatal de Administración Tributaria, dando cuenta al interesado de este traslado de información.

Artículo 6. Fin de aplicación de los beneficios y especialidades de esta ley.

La empresa emergente y sus inversores no podrán o dejarán de acogerse a los beneficios previstos en esta ley cuando ocurra alguno de los siguientes supuestos:

a) Deje de cumplir cualquiera de los requisitos previstos en el artículo 3 y, en particular, al término de los cinco o siete años desde la creación de la empresa emergente.

b) Se extinga la empresa antes de ese término.

c) Sea adquirida por otra empresa que no tenga la condición de empresa emergente.

d) El volumen de negocio anual de la empresa supere el valor de diez millones de euros.

e) Lleve a cabo una actividad que genere un daño significativo al medio ambiente conforme al Reglamento (UE) 2020/852 del Parlamento Europeo y del Consejo de 18 de junio de 2020 relativo al establecimiento de un marco para facilitar las inversiones sostenibles y por el que se modifica el Reglamento (UE) 2019/2088.

f) Los socios que sean titulares, directa o indirectamente, de una participación de al menos el 5 % del capital social o administradores de la empresa emergente hayan sido condenados por sentencia firme por los tipos delictivos incluidos en el artículo 3.3.

TÍTULO I
Incentivos fiscales, atracción de inversión extranjera y fidelización del talento

CAPÍTULO I
Incentivos fiscales

Artículo 7. Tributación de las empresas emergentes.

Los contribuyentes del Impuesto sobre Sociedades y del Impuesto sobre la Renta de no Residentes que obtengan rentas mediante establecimiento permanente situado en territorio español y que tengan la condición de empresa emergente conforme al título preliminar de esta ley, tributarán en el primer período impositivo en que, teniendo dicha condición, la base imponible resulte positiva y en los tres siguientes, siempre que mantengan la condición citada, al tipo del 15 por ciento en los términos establecidos en el apartado 1 del artículo 29 de la Ley 27/2014, de 27 de noviembre, del Impuesto sobre Sociedades.

Artículo 8. Aplazamiento de la tributación de una empresa emergente.

1. Los contribuyentes del Impuesto sobre Sociedades y del Impuesto sobre la Renta de no Residentes que obtengan rentas mediante establecimiento permanente situado en territorio español y que tengan la condición de empresa emergente conforme al título preliminar de esta ley, podrán solicitar, a la Administración tributaria del Estado en el momento de la presentación de la autoliquidación, el aplazamiento del pago de la deuda tributaria correspondiente a los dos primeros períodos impositivos en los que la base imponible del Impuesto sea positiva.

La Administración tributaria del Estado concederá el aplazamiento, con dispensa de garantías, por un período de doce y seis meses, respectivamente, desde la finalización del plazo de ingreso en período voluntario de la deuda tributaria correspondiente a los citados períodos impositivos.

Para disfrutar de este beneficio, será necesario que el solicitante se encuentre al corriente en el cumplimiento de sus obligaciones tributarias en la fecha en que se efectúe la solicitud de aplazamiento y, además, que la autoliquidación se presente dentro del plazo establecido. No podrá aplazarse, según el procedimiento establecido en este apartado, el ingreso de las autoliquidaciones complementarias.

El ingreso de la deuda tributaria aplazada se efectuará en el plazo de un mes desde el día siguiente al de vencimiento de cada uno de los plazos señalados, sin que tenga lugar el devengo de intereses de demora.

2. Los contribuyentes del Impuesto sobre Sociedades y del Impuesto sobre la Renta de no Residentes que obtengan rentas mediante establecimiento permanente situado en territorio español, que tengan la condición de empresa emergente conforme al título preliminar de esta ley, no tendrán la obligación de efectuar los pagos fraccionados regulados en el artículo 40 de la Ley 27/2014, de 27 de noviembre, del Impuesto sobre Sociedades, y 23.1

del Real Decreto Legislativo 5/2004, de 5 de marzo, por el que se aprueba el texto refundido de la Ley del Impuesto sobre la Renta de no Residentes, respectivamente, que deban efectuar a cuenta de la liquidación correspondiente al período impositivo inmediato posterior a cada uno de los referidos en el apartado anterior, siempre que en ellos se mantenga la condición de empresa emergente.

CAPÍTULO II
Atracción de inversión extranjera y fidelización del talento

Artículo 9. Requisitos de identificación de inversores extranjeros.

1. Las personas físicas que carezcan de la nacionalidad española, que deseen invertir en empresas emergentes españolas y no residan en España, deberán solicitar a la Agencia Estatal de Administración Tributaria española un número de identificación fiscal. No estarán obligadas, a estos efectos, a obtener un número de identidad de extranjero.

Cuando el inversor sea una persona jurídica o una entidad sin personalidad jurídica de nacionalidad extranjera, el representante que solicite en su nombre el número de identificación fiscal deberá tener asignado un número de identificación fiscal. Su poder de representación podrá constar en un documento notarial o en un contrato de mandato con representación en el que conste expresamente la aceptación de la representación fiscal. Si el documento notarial se ha emitido por un notario extranjero, no se exigirá adecuar su contenido al ordenamiento jurídico español.

En el caso de que no se acredite la inversión en una empresa emergente en el plazo de seis meses desde la asignación del número de identificación fiscal del inversor, la Agencia Estatal de Administración Tributaria podrá revocar el número de identificación fiscal asignado al inversor extranjero.

2. La Agencia Estatal de Administración Tributaria habilitará un procedimiento electrónico, a efectos de lo establecido en el apartado 1, que deberá resolverse en el plazo de diez días hábiles desde la presentación de la solicitud del número de identificación fiscal, acompañada de la documentación que, en su caso, se exija.

Los modelos para solicitar dicho número estarán disponibles en formato electrónico y su presentación podrá realizarse utilizando un certificado electrónico cualificado conforme a las condiciones que establecen las letras

a) y b) del apartado 2 del artículo 9 de la Ley 39/2015, de 1 de octubre, del Procedimiento Administrativo Común de las Administraciones Públicas, y su normativa de desarrollo vigente en cada momento, y que resulte admisible por la Agencia Estatal de Administración Tributaria.

3. Cuando la inversión tenga lugar para constituir una empresa y esta se tramite por vía electrónica a través del Centro de Información y Red de Creación de Empresas (CIRCE), mediante Documento Único Electrónico (DUE), regulado en la disposición adicional tercera del Real Decreto Legislativo 1/2010, de 2 de julio, por el que se aprueba el texto refundido de la Ley de Sociedades de Capital, el inversor podrá solicitar a la Agencia Estatal de Administración Tributaria, a través del Punto de Atención al Emprendedor, la asignación de un número de identificación fiscal para sí. En otro caso, el notario actuante enviará, de forma inmediata, copia de la escritura a la Agencia Estatal de Administración Tributaria, solicitando la asignación de un número de identificación fiscal para el inversor.

Los notarios también podrán solicitar la asignación del número de identificación fiscal para los extranjeros referidos en este artículo, cuando se incorporen como socios a una empresa emergente con ocasión de una ampliación de su capital social u otra operación societaria.

Artículo 10. Autocartera en las empresas emergentes que sean sociedades limitadas con la finalidad de ejecutar un plan de retribuciones.

1. Sin perjuicio de lo dispuesto en el artículo 140 del texto refundido de la Ley de Sociedades de Capital, aprobado por el Real Decreto Legislativo 1/2010, de 2 de julio, y en el artículo 12 de la Ley 44/2015, de 14 de octubre, de Sociedades Laborales y Participadas, la junta general de la sociedad podrá autorizar la adquisición de participaciones propias, hasta el 20 % del capital como máximo, para su entrega a los administradores, empleados u otros colaboradores de la empresa, con la exclusiva finalidad de ejecutar un plan de retribución.

2. El sistema de retribución mediante la entrega de participaciones deberá estar previsto en los estatutos y aprobado por la junta general, mediante acuerdo que incluirá el número máximo de participaciones que se podrán asignar en cada ejercicio a este sistema de remuneración, el valor

de las participaciones que se tome como referencia y el plazo de duración del plan.

3. La adquisición por la sociedad de participaciones propias en ejercicio de la autorización a la que se refiere el apartado 1 solo podrá producirse con las siguientes condiciones:

a) Que las participaciones a adquirir estén íntegramente desembolsadas.

b) Que el patrimonio neto, una vez realizada la adquisición, no resulte inferior al importe del capital social más las reservas indisponibles, legales o estatutarias. A estos efectos, en las sociedades laborales no se tendrá en cuenta la reserva especial regulada en el artículo 14 de la Ley 44/2015, de 14 de octubre, de Sociedades Laborales y Participadas.

c) Que la adquisición se produzca dentro de los cinco años siguientes al acuerdo de autorización.

4. En caso de contravención a lo dispuesto en el apartado anterior resultará de aplicación lo dispuesto en el artículo 139 del texto refundido de la Ley de Sociedades de Capital, aprobado por el Real Decreto Legislativo 1/2010, de 2 de julio, y en el artículo 14 de la Ley 44/2015, de 14 de octubre, de Sociedades Laborales y Participadas.

TÍTULO II
Formalidades aplicables a las empresas emergentes constituidas como sociedades limitadas

Artículo 11. Inscripción de actos y acuerdos en el Registro.

1. El plazo para la inscripción de empresas emergentes y de todos sus actos societarios será de cinco días hábiles, contados desde el siguiente al de la fecha del asiento de presentación o, en su caso, al de la fecha de devolución del documento retirado.

En el caso de que se utilicen estatutos tipo, a los que se refiere la disposición final duodécima, el registrador procederá a la calificación e inscripción dentro del plazo de las seis horas hábiles siguientes a la recepción telemática de la escritura, entendiéndose por horas hábiles las que queden comprendidas dentro del horario de apertura fijado para los registros. En caso de existencia de causa justificada por razones técnicas o por especial complejidad del asunto que impida el cumplimiento de dichos plazos, el Registrador mercantil deberá notificar esta circunstancia al interesado en el plazo más breve posible y en todo caso antes de que transcurran los plazos establecidos anteriormente para calificar e inscribir cuando procediera.

Los trámites necesarios para llevar a cabo la inscripción de empresas emergentes, así como los trámites de carácter fiscal y con la Seguridad Social necesarios para el inicio de actividad y otros recogidos en la normativa reguladora del Documento Único Electrónico, podrán realizarse mediante el uso de dicho documento.

2. Los pactos de socios en las empresas emergentes en forma de sociedad limitada serán inscribibles y gozarán de publicidad registral si no contienen cláusulas contrarias a la ley. Igualmente, serán inscribibles las cláusulas estatutarias que incluyan una prestación accesoria de suscribir las disposiciones de los pactos de socios en las empresas emergentes, siempre que el contenido del pacto esté identificado de forma que lo puedan conocer no solo los socios que lo hayan suscrito sino también los futuros socios.

Artículo 12. Aranceles notariales y registrales y tasas por la inscripción de sociedades de responsabilidad limitada.

1. Los aranceles notariales y registrales, en el caso de que los emprendedores que se acojan a los estatutos tipo adaptados a las necesidades de las empresas emergentes, a los que se refiere la disposición final duodécima, utilicen el sistema de tramitación telemática del Centro de Información y Red de Creación de Empresas y el capital social sea inferior a 3.100 euros, serán de 60 y 40 euros respectivamente.

2. La publicación de los actos de inscripción señalados el apartado anterior en el «Boletín Oficial del Registro Mercantil» estarán exentos del pago de tasas.

Artículo 13. Pérdidas que reduzcan el patrimonio neto.

Las empresas emergentes no incurrirán en causa de disolución por pérdidas que dejen reducido el patrimonio neto a una cantidad inferior a la mitad del capital social, siempre que no sea procedente solicitar la declaración de concurso, hasta que no hayan transcurrido tres años desde su constitución.

TÍTULO III
Compra pública innovadora

Artículo 14. Fomento de la compra pública innovadora para empresas emergentes.

1. El Gobierno incluirá en el Plan Estatal de Investigación Científica y Técnica y de Innovación previsto en la Ley 14/2011, de 1 de junio, de la Ciencia, la Tecnología y la Innovación, los planes de cada ministerio y organismo público vinculado o dependiente de la Administración General del Estado, para la compra pública de innovación, tanto para la compra pública de tecnología o procesos innovadores como para la compra pública pre- comercial, a la que se refiere el artículo 8 de la Ley 9/2017, de 8 de noviembre, de Contratos del Sector Público, por la que se transponen al ordenamiento jurídico español las Directivas del Parlamento Europeo y del Consejo 2014/23/UE y 2014/24/UE, de 26 de febrero de 2014, y los créditos destinados a su financiación.

Anualmente, se dará cuenta al Consejo de Ministros de la ejecución de los planes de compra pública innovadora y de la evaluación de sus resultados.

2. Las administraciones públicas tendrán en cuenta las características de las empresas emergentes al precisar los requisitos de solvencia económica y técnica de las empresas participantes en procedimientos de compra pública innovadora y de compra pública pre- comercial, se rijan o no por la Ley 9/2017, de 8 de noviembre, para no crear obstáculos a su participación en la licitación.

Asimismo, realizarán pagos parciales siempre que la ejecución del contrato pueda dividirse en diversas fases de ejecución.

3. En los pliegos de cláusulas administrativas se valorará la inclusión de requisitos de capacidad y solvencia, y criterios de adjudicación que faciliten el acceso en condiciones de igualdad a las empresas emergentes ubicadas en zonas escasamente pobladas. Se promoverá, a través de la incorporación de requisitos y características específicas sociales y medioambientales que redunden en la mejora del medio rural, propiciando las adquisiciones de proximidad, la utilización de productos locales, ecológicos, e igualmente la gestión forestal sostenible, las energías renovables y el ahorro energético, siempre que se respeten los principios de concurrencia, igualdad y no discriminación de la contratación pública.

4. En los pliegos de cláusulas administrativas se podrá establecer que la titularidad de los derechos de propiedad intelectual derivados del desarrollo del objeto del contrato será compartida a partes iguales por la Administración contratante y la empresa emergente adjudicataria.

TÍTULO IV
Entornos regulados de pruebas

Artículo 15. Licencias de prueba para empresas emergentes.

1. Las empresas calificadas como emergentes que operen en sectores regulados podrán solicitar a la autoridad administrativa reguladora de su ámbito de actividad una licencia de prueba temporal para el desarrollo de sus actividades. La licencia tendrá una duración máxima de un año.

2. La empresa emergente deberá advertir por escrito al usuario o consumidor de esta situación de prueba temporal, informar de su duración y recibir de este su consentimiento expreso para iniciar el ejercicio de la prueba.

Artículo 16. Entornos controlados de pruebas.

1. Los poderes públicos promoverán, reglamentariamente, la creación de entornos controlados, por períodos limitados de tiempo, para evaluar la utilidad, la viabilidad y el impacto de innovaciones tecnológicas aplicadas a actividades reguladas, a la oferta o provisión de nuevos bienes o servicios, a nuevas formas de provisión o prestación de los mismos o a fórmulas alternativas para su supervisión y control por parte de las autoridades competentes.

Además, contribuirán a impulsar, de forma especial, entornos controlados de pruebas también en zonas rurales que por sus características supongan un entorno favorable y dinámico para el uso de innovaciones tecnológicas, bienes y servicios novedosos y en línea con lo definido como territorio rural inteligente, potenciando así el uso de las tecnologías digitales como herramienta imprescindible para el desarrollo, puestas al servicio de los territorios y sus habitantes.

2. La evaluación del impacto que justificará la creación de los entornos controlados de pruebas se referirá a la afectación de cualquiera de las razones imperiosas de interés general referidas en el artículo 3.11 de la Ley 17/2009, de 23 de noviembre, sobre el libre acceso a las actividades de servicios y su ejercicio.

3. Las pruebas se regirán por las normas sobre espacios controlados de pruebas que se dicten en cada sector y los protocolos que acuerden las autoridades supervisoras y los promotores de los proyectos, sin sujeción a la legislación específica del mercado de que se trate.

4. La creación y desarrollo de los entornos controlados de pruebas se ajustarán a los siguientes principios:

a) Publicidad y transparencia, de forma que se garantice la posibilidad de alegar a todo aquel interesado que pueda ver afectados sus derechos o intereses legítimos.

b) Igualdad y no discriminación entre operadores para la libre concurrencia y acceso a los entornos controlados de pruebas.

c) Necesidad, proporcionalidad y mínima distorsión de la competencia efectiva en el mercado, garantizando que la adaptación de marcos y el establecimiento de excepciones se ajusten a lo mínimo necesario para evaluar el impacto de las innovaciones tecnológicas aplicadas.

d) Control sobre las repercusiones en la estabilidad e integridad del mercado de que se trate o sobre terceros no participantes en las pruebas.

e) Principio de limitación temporal de las habilitaciones o excepciones que se establezcan dentro del entorno controlado de prueba al tiempo mínimo necesario para evaluar el impacto de las innovaciones tecnológicas aplicadas.

f) Protección de consumidores, de usuarios y de terceros que pudieran verse afectados por los riesgos potenciales de la innovación que se prueba.

g) Cooperación y coordinación entre las autoridades competentes cuando la innovación afecte a diversas materias o distintos ámbitos y niveles territoriales.

5. Las autoridades públicas tendrán en cuenta los resultados de las pruebas para, en su caso, conceder o ampliar las autorizaciones precisas para operar a los promotores del proyecto y para impulsar mejoras o adaptaciones en la normativa y régimen de control aplicable.

6. Las autoridades públicas informarán de los entornos controlados de pruebas creados, los resultados y conclusiones de las pruebas y de sus pro-

puestas de mejora o adaptación de la normativa al Foro Nacional de Empresas Emergentes.

7. Los entornos controlados de pruebas que permitan llevar a la práctica proyectos tecnológicos de innovación en el sistema financiero se regirán por lo previsto en la Ley 7/2020, de 13 de noviembre, para la transformación digital del sistema financiero.

TÍTULO V
Colaboración público-privada entre universidades y empresas emergentes

Artículo 17. Colaboración público-privada.

Las administraciones públicas promoverán el desarrollo de programas educativos en materia de emprendimiento y habilidades digitales, incluyendo aquellos nacidos de la colaboración público-privada, particularmente en entornos rurales o con escasa densidad de población para fomentar la creación de empresas emergentes en estas ubicaciones. En aquellos territorios donde se hayan implementado proyectos universitarios, entroncados en el mundo rural, los plazos relativos a la duración de estos programas se unificarán o potenciarán, en función de la atracción de estos programas de empleo a zonas rurales.

Estos programas educativos en materia de emprendimiento y habilidades digitales podrán integrarse en las actuaciones relacionadas y previstas en instrumentos como el Plan Nacional de Competencias Digitales, contando con el presupuesto, objetivos e instrumentos asociados a las mismas.

Además, las administraciones públicas impulsarán actuaciones orientadas a fomentar la implantación de empresas emergentes en los entornos rurales, así como el establecimiento de ecosistemas de innovación en el medio rural que proporcionen las condiciones necesarias para el desarrollo de empresas de base tecnológica y científica que puedan recoger los frutos de la investigación.

Artículo 18. Universidades, entidades y empresas basadas en el conocimiento.

Las universidades fomentarán la formación orientada a favorecer la empleabilidad y el emprendimiento a título individual o colectivo. Las universidades podrán crear o participar en entidades y empresas basadas en el conocimiento en los términos establecidos en la normativa específica.

Las empresas de base tecnológica spinoff originadas en las universidades españolas tendrán la consideración de empresas emergentes innovadoras (startups) cuando cumplan con los requisitos establecidos en el párrafo segundo del apartado 2 del artículo 3.

TÍTULO VI
Fomento de las empresas emergentes

Artículo 19. Sistema estatal de ayudas al emprendimiento basado en innovación.

1. El sistema estatal de ayudas al emprendimiento basado en innovación está formado por el conjunto de programas gestionados por el Estado que se destinan a fomentar la creación en España de empresas emergentes, a impulsar su expansión internacional, a estimular la inversión nacional y extranjera en este tipo de empresas, la colaboración entre empresas y el incremento de la participación de mujeres y territorios en este fenómeno.

2. El sistema estatal de ayudas al emprendimiento basado en innovación estará orientado hacia la realización de las misiones orientadoras de los programas plurianuales de fomento de la investigación y la innovación de la Unión Europea, y de otros grandes retos, relevantes para España, que sean identificados por el Gobierno con carácter plurianual.

Artículo 20. Acciones prioritarias.

1. La Administración General del Estado, en cooperación con las administraciones autonómicas y locales, promoverá el establecimiento de fondos de co-inversión para atraer capital privado a la financiación de empresas emergentes en sus distintas fases de creación, crecimiento e internacionalización.

2. La Administración General del Estado, en cooperación, cuando proceda, con las administraciones autonómicas y locales, alentará la creación de redes de contacto y colaboración, plataformas y puntos de encuentro entre empresas emergentes y entre estas y empresas maduras, así como con los demás agentes del ecosistema español de empresas emergentes. Asimismo, po-

drá financiar proyectos colaborativos entre pequeñas y medianas empresas y empresas emergentes.

3. La Administración General del Estado, en cooperación con las administraciones autonómicas y locales, velará por reducir la brecha de género en las actuaciones que realice para atraer capital privado a la financiación de empresas emergentes. Asimismo, promoverá la participación de mujeres en plataformas y puntos de encuentro entre empresas emergentes y entre estas y empresas maduras, poniendo en marcha medidas de acción positiva, si fuese necesario.

Artículo 21. Planificación, ejecución y evaluación de los mecanismos de apoyo al emprendimiento basado en innovación.

1. El Gobierno aprobará un programa plurianual de ayudas al emprendimiento basado en innovación, en el que se definan los fines orientadores que perseguirán y el peso relativo de las acciones indicadas en los artículos 19 y 20 en el conjunto de las ayudas, así como los medios para asegurar el servicio a dichos fines y la distribución de acciones prevista, más el procedimiento para evaluar sus resultados.

El programa plurianual de ayudas incorporará la perspectiva de género y establecerá, así mismo, los mecanismos de coordinación oportunos para garantizar la complementariedad de las distintas líneas de ayuda, su evaluación continua en pos de su mayor eficacia y eficiencia, y la transparencia de todas las fuentes de financiación estatales relacionadas con el emprendimiento de base innovadora.

El programa se integrará en el Plan Estatal de Investigación Científica y Técnica y de Innovación, teniendo la consideración de plan estratégico de subvenciones, de conformidad con lo previsto en la Ley 38/2003, de 17 de noviembre, General de Subvenciones.

2. La Administración General del Estado elaborará y publicará un informe sobre la ejecución del programa de ayudas al emprendimiento basado en la innovación en el año anterior.

Asimismo, cada cuatro años publicará un informe sobre la ejecución global del programa, el efecto de las ayudas concedidas sobre las empresas que se beneficiaron de ellas y sobre el ecosistema emprendedor en general, así como sobre su impacto en los grandes retos inspiradores del sistema estatal de ayudas al emprendimiento basado en innovación.

Artículo 22. Reducción de garantías.

Cuando la concesión de subvenciones o los pagos a cuenta estén condicionados a la prestación de garantías, la empresa emergente beneficiaria podrá solicitar que la garantía se reduzca a cambio de disminuir en la misma proporción el importe de la ayuda o del pago anticipado.

La Administración otorgante evaluará dicha solicitud en base, al menos, a los siguientes criterios:

a) Estar al corriente en el cumplimiento de las obligaciones tributarias y con la Seguridad Social durante los últimos cinco ejercicios.

b) Que no haya incurrido en procedimiento de reintegro de ninguna subvención otorgada con anterioridad.

Artículo 23. Información sobre convocatorias de subvenciones.

En los Puntos de Atención al Emprendedor y en la Oficina Nacional de Emprendimiento, se publicará una relación de las subvenciones públicas dirigidas específicamente a empresas emergentes y convocadas por las instituciones comunitarias y por las administraciones públicas españolas. Esta relación se mantendrá permanentemente actualizada.

Los Puntos de Atención al Emprendedor y la Oficina Nacional de Emprendimiento publicarán también un calendario orientativo de las subvenciones de convocatoria regular durante el mes de enero de cada año.

Artículo 24. Conocimiento y difusión del ecosistema español de empresas emergentes.

1. La Administración General del Estado publicará información sobre los centros urbanos de atracción de empresas emergentes y sus agentes de financiación, aceleradoras e incubadoras, a través de un portal web con información en, al menos, español, lenguas oficiales y reconocidas estatutariamente en sus Comunidades Autónomas e inglés, siempre y cuando hayan comunicado su actividad al Ministerio de Asuntos Económicos y Transformación Digital para colaborar con las funciones de promoción del ecosistema español de empresas emergentes.

La Oficina Nacional de Emprendimiento incardinará esta información dentro de su catálogo de servicios y ejercerá la labor de punto de acceso principal para la información relacionada con el emprendimiento en nuestro país.

2. El portal web al que se refiere el apartado anterior informará en, al menos, español, lenguas oficiales y reconocidas estatutariamente en sus Comunidades Autónomas (para estas lenguas en lo relativo al contenido informativo) e inglés sobre las condiciones de entrada y residencia en España de emprendedores, inversores y profesionales altamente cualificados, de acuerdo con la Ley 14/2013, de 27 de septiembre, incluyendo los documentos necesarios, las tasas aplicables y una explicación detallada del procedimiento, así como una interfaz para solicitar la concesión de los visados y autorizaciones pertinentes. Dicha interfaz incorporará una pasarela de pagos para el abono de las tasas correspondientes.

TÍTULO VII
Seguimiento participativo de las políticas públicas estatales sobre empresas emergentes

Artículo 25. Foro Nacional de Empresas Emergentes.

1. Se crea el Foro Nacional de Empresas Emergentes como órgano colegiado interministerial consultivo y de colaboración entre las administraciones públicas, universidades, organismos públicos de investigación y centros tecnológicos, asociaciones empresariales de base asociativa más representativas de ámbito estatal y autonómico, asociaciones o corporaciones de profesionales intermediarios, empresas emergentes y aquellas otras que colaboren con ellas.

2. Sus funciones serán analizar, identificar buenas prácticas y debatir las políticas públicas de impulso al emprendimiento en investigación y desarrollo y en innovación. También propondrá mejoras orientadas a su crecimiento y a su integración en los mercados comunitario y mundial.

El Foro Nacional de Empresas Emergentes promoverá la diversidad, la inclusión y los principios democráticos entre las empresas emergentes. Para ello, podrá establecer reconocimientos para aquellas empresas emergentes que se destaquen por su actividad en este sentido.

3. Por real decreto, se desarrollará la composición y régimen de funcionamiento del Foro, en el marco de la Ley 40/2015, de 1 de octubre, de Régimen Jurídico del Sector Público.

4. Entre las funciones del Foro está la emisión de informe preceptivo y no vinculante para la evaluación continua de la aplicación de la presente ley en los términos del artículo siguiente.

Artículo 26. Evaluación continua de la aplicación de la ley.

1. El Gobierno, mediante la Comisión Delegada del Gobierno para Asuntos Económicos, llevará a cabo un seguimiento de la aplicación de esta ley, para lo que aprobará, previa consulta con el Foro Nacional de Empresas Emergentes, indicadores de cumplimiento de los objetivos de la ley, que estarán desagregados por sexo y por Comunidades Autónomas siempre que sea posible.

2. El Gobierno elevará, anualmente, un informe a las Cortes Generales sobre los resultados de la ley y sus propuestas de mejora.

Disposición adicional primera. Actualizaciones de interfaces y neutralidad tecnológica.

1. Las administraciones públicas impulsarán la adaptación de sus aplicaciones informáticas para que los ciudadanos puedan interactuar con ellas a través de dispositivos móviles, y mediante la utilización de cualquier navegador.

Velarán por que las interfaces de usuario se mantengan actualizadas de acuerdo con la evolución de los programas informáticos y su implantación en el mercado.

2. El Consejo General del Notariado y el Colegio de Registradores de España promoverán la adaptación de las aplicaciones informáticas que deban emplear los ciudadanos para relacionarse electrónicamente con los notarios y los registradores con el fin de que sean compatibles con cualquier navegador, admitan todas las firmas y sellos electrónicos incluidos en la «lista de confianza de prestadores de servicios de certificación» y pueda interactuarse con ellas desde dispositivos móviles.

Velarán por que las interfaces de usuario se mantengan actualizadas de acuerdo con la evolución de los programas informáticos y su implantación en el mercado.

3. La Administración General del Estado y su sector público institucional, así como el Consejo General del Notariado y el Colegio de Registradores de España deberán establecer un calendario para cumplir los objetivos señalados en el apartado 1 sin que el plazo pueda exceder de cuatro años desde la entrada en vigor de esta ley.

Tanto el calendario como el progreso en su ejecución se publicarán en el punto de acceso electrónico general u otro portal único de internet de la Administración General del Estado, y en la página web del Consejo General del Notariado y del Colegio de Registradores de España, de forma respectiva.

Disposición adicional segunda. Evaluación de la coherencia de los programas de ayuda a empresas emergentes del Estado.

1. Como primer paso para adecuar el sistema estatal de ayudas al emprendimiento basado en innovación a los principios de transparencia, coherencia y evaluación continua, el Gobierno encargará a la Autoridad Independiente de Responsabilidad Fiscal la realización de un inventario sobre todas las líneas de ayuda existentes en el Estado y su sector público institucional dirigidas a empresas emergentes o a su creación.

Igualmente, la Autoridad Independiente de Responsabilidad Fiscal realizará una evaluación de la economía, eficacia y eficiencia de las líneas de ayuda y formulará recomendaciones para garantizar su máxima coherencia y efectividad.

2. La Autoridad Independiente de Responsabilidad Fiscal dispondrá de nueve meses para la entrega del inventario y del informe de evaluación sobre el sistema público de apoyo a las empresas emergentes a través de subvenciones y ayudas.

Disposición adicional tercera. Coordinación de las actuaciones sobre empresas emergentes en la Administración General del Estado.

En el seno de la Comisión Delegada del Gobierno para Asuntos Económicos se creará un grupo de trabajo para intercambiar información sobre las políticas que afecten a las empresas emergentes, preparar las reuniones del Foro Nacional de Empresas Emergentes, estudiar propuestas para incrementar la compra pública innovadora y coordinar las iniciativas de fomento de los distintos departamentos en aplicación de lo dispuesto en el capítulo I del título VI, sin perjuicio de lo establecido en la Ley 50/1997, de 27 de noviembre, del Gobierno, en lo referente a la competencia del Presidente del Gobierno para crear, suprimir o modificar las Comisiones Delegadas del Gobierno, su composición y funcionamiento.

Disposición adicional cuarta. Startup de estudiantes.

1. La startup de estudiantes se reconoce como herramienta pedagógica.

2. Reglamentariamente, se determinarán los requisitos, límites al estatuto de la startup de estudiantes; así como también se podrán adoptar medidas específicas de información y asistencia que facilitarán el cumplimiento de sus obligaciones tributarias y contables.

3. La startup de estudiantes se constituirá, mediante el sistema del Centro de Información y Red de Creación de Empresas, por la organización promotora del programa de estudios correspondiente, lo que permitirá a la misma realizar transacciones económicas y monetarias, emitir facturas y abrir cuentas bancarias.

Los Puntos de Atención al Emprendedor que quieran participar como organizaciones promotoras deberán solicitar a ENISA su participación en el programa. Para este fin, ENISA contará con el apoyo de la Escuela de Organización Industrial, Fundación EOI, F.S.P.

4. La startup de estudiantes tendrá una duración limitada a un curso escolar prorrogable a un máximo de dos cursos escolares.

5. La startup de estudiantes estará cubierta por un seguro de responsabilidad civil u otra garantía equivalente suscrito por la organización promotora.

Disposición adicional quinta. Plazo para la puesta en marcha del portal de internet sobre el ecosistema español de empresas emergentes.

El Gobierno dispondrá lo necesario para que, en el plazo máximo de un año, esté en funcionamiento el portal de internet para conocimiento y difusión del ecosistema español de empresas emergentes a que se refiere el artículo 24.

Disposición adicional sexta. Ventanilla única.

Con el objetivo de facilitar los procedimientos de tramitación de visados y permisos de residencia regulados en la sección II del capítulo IV del título

V de la Ley 14/2013, de 27 de septiembre, de apoyo a los emprendedores y su internacionalización, los órganos competentes en la tramitación de los mismos se comprometerán a favorecer modelos basados en una ventanilla única.

Disposición adicional séptima. Creación de la Agencia Española de Supervisión de Inteligencia Artificial.

Uno. De acuerdo con lo previsto en el artículo 91 de la Ley 40/2015, de 1 de octubre, de Régimen Jurídico del Sector Público, se autoriza la creación de la Agencia Española de Supervisión de Inteligencia Artificial, como organismo público con personalidad jurídica pública, patrimonio propio, plena capacidad de obrar y potestades administrativa, inspectora y sancionadora que se le atribuyan en aplicación de la normativa nacional y europea en relación con el uso seguro y confiable de los sistemas de inteligencia artificial.

Dos. La actuación de la Agencia responderá a los siguientes fines:

a) La concienciación, divulgación y promoción de la formación, y del desarrollo y uso responsable, sostenible y confiable de la inteligencia artificial.

b) La definición de mecanismos de asesoramiento y atención a la sociedad y a otros actores relacionados con el desarrollo y uso de la inteligencia artificial.

c) La colaboración y coordinación con otras autoridades, nacionales y supranacionales, de supervisión de inteligencia artificial.

d) El fomento de entornos reales de prueba de los sistemas de inteligencia artificial, para reforzar la protección de los usuarios.

e) La supervisión de la puesta en marcha, uso o comercialización de sistemas que incluyan inteligencia artificial y, especialmente, aquellos que puedan suponer riesgos significativos para la salud, seguridad y los derechos fundamentales.

Tres. La Agencia estará adscrita a la Secretaría de Estado de Digitalización e Inteligencia Artificial del Ministerio de Asuntos Económicos y Transformación Digital. Se regirá por lo establecido en su estatuto orgánico y por lo dispuesto en la Ley 40/2015, de 1 de octubre, de Régimen Jurídico del Sector Público.

Cuatro. La asistencia jurídica, consistente en el asesoramiento y la representación y defensa en juicio de la Agencia, corresponderá a los Abogados del Estado integrados en el Servicio Jurídico del Estado.

Disposición transitoria única. Plazo para determinar el carácter de emprendimiento innovador y la escalabilidad del modelo de negocio.

El plazo para determinar el carácter de emprendimiento innovador y la escalabilidad del modelo de negocio será de 3 meses a partir de que la empresa haya remitido toda la información relativa a la solicitud de acreditación, incluyendo la información complementaria que se le haya podido solicitar a partir del análisis realizado por parte de ENISA. Este plazo será aplicable a partir de los seis meses siguientes al de la entrada en vigor de esta ley.

Disposición final primera. Título competencial.

Esta ley se dicta al amparo de los títulos competenciales que se citan a continuación:

a) El título preliminar, salvo los artículos 3.2 y 6, y el título IV se dictan al amparo del artículo 149.1.13.ª de la Constitución, que atribuye al Estado competencia sobre las bases y coordinación de la planificación general de la actividad económica.

b) Los capítulos I y II del título I y las disposiciones finales segunda y tercera se dictan al amparo del artículo 149.1.14.ª de la Constitución, que atribuye al Estado competencia exclusiva en materia de Hacienda General y Deuda del Estado.

c) El artículo 5 y el título II, a excepción del artículo 12 en lo que se refiere a los aranceles notariales o registrales, se dictan al amparo del artículo 149.1.6.ª de la Constitución, que atribuye al Estado competencia exclusiva sobre la legislación mercantil.

d) Los artículos 3.2, 3.3 y 12, en lo que se refiere a los aranceles notariales y registrales, y la disposición adicional primera, en lo que respecta al Consejo General del Notariado y al Colegio de Registradores de España, se dictan al amparo del artículo 149.1.8.ª de la Constitución, que atribuye al Estado competencia exclusiva sobre la ordenación de los registros y los instrumentos públicos.